Svelte.js: De Cero a Expe

APT - Apto para Todo Público

Autor:

Martín Alejandro Oviedo

Editorial:

Independiente

Fecha de publicación:

3 de marzo de 2025

Publisher:

Amazon Kindle, Amazon Books

Frases célebres

"El mayor riesgo es no tomar ninguno. En un mundo que cambia muy rápido, la única estrategia que garantiza fallar es no arriesgar."
— **Mark Zuckerberg (Fundador de Facebook)**

"Los grandes desarrolladores no solo son programadores, sino solucionadores de problemas creativos."
— **Elon Musk (CEO de Tesla y SpaceX, cofundador de PayPal)**

"Aprender a programar es aprender a crear el futuro. Cada nueva herramienta te da la posibilidad de cambiar el mundo."
— **Sundar Pichai (CEO de Google)**

Índice del libro: Svelte.js: De Cero a Experto

Secciones Iniciales

Parte 1: Introducción a Svelte.js

Autoevaluación

Resultados correctos de la evaluación

Parte 2: Componentización y Manejo del Estado

5. Creación y uso de componentes en Svelte

    o Creación de componentes

    o Comunicación entre componentes

    o Slots y componentes reutilizables

6. Manejo del estado local

    o Variables reactivas

    o Ciclo de vida de los componentes

7. Stores en Svelte: Manejo de estado global

    o Stores writable, readable y derived

    o Uso avanzado de stores

8. Persistencia de datos en Svelte

    o LocalStorage y SessionStorage

    o Integración con bases de datos locales

Autoevaluación

Resultados correctos de la evaluación

Parte 3: Interactividad y Navegación

9. Manejo de eventos y formularios

    o Eventos en Svelte

    o Formularios y validaciones

10. Enrutamiento y navegación

- Configuración de rutas con Svelte

- Rutas dinámicas y autenticación de usuarios

11. Interacción con APIs externas

- Fetch y manejo de datos
- Promesas y asincronía en Svelte

Autoevaluación

Resultados correctos de la evaluación

Parte 4: Estilos, Animaciones y Accesibilidad

12. Manejo de estilos en Svelte

- Estilos CSS globales y locales
- Uso de preprocesadores como SCSS

13. Animaciones y transiciones

- Transiciones básicas y avanzadas
- Animaciones personalizadas

14. Accesibilidad en Svelte

- Prácticas recomendadas
- Herramientas y pruebas de accesibilidad

Autoevaluación

Resultados correctos de la evaluación

Parte 5: Desarrollo Avanzado con Svelte

15. Desarrollo de aplicaciones en tiempo real

- Uso de WebSockets
- Integración con Firebase

16. Arquitectura y patrones de diseño en Svelte

- Patrones recomendados
- Estructura de proyectos escalables

17. Pruebas y depuración

- Pruebas unitarias y de integración
- Herramientas de depuración

Autoevaluación

Resultados correctos de la evaluación

Parte 6: SvelteKit y Despliegue en Producción

Autoevaluación

Resultados correctos de la evaluación

Evaluación Final

Resultados correctos de la evaluación final

Secciones Finales

- **Glosario**
- **Documentación Oficial**
- **Comunidad**
- **Agradecimientos**
- **Conclusión**
- **Fin**

Aquí tienes un **Prefacio** detallado, inspirador y con profundidad, diseñado para captar el interés del lector y preparar el terreno para el contenido del libro.

Prefacio

La programación web ha evolucionado a un ritmo vertiginoso en la última década. Desde los primeros días de HTML estático hasta la complejidad de frameworks modernos como React, Vue y Angular, los desarrolladores han tenido que adaptarse constantemente a nuevas herramientas, metodologías y paradigmas. Pero en medio de esta evolución constante, una pregunta sigue resonando entre quienes construyen la web: **¿Por qué la simplicidad se ha vuelto tan compleja?**

Svelte.js nace como una respuesta directa a esta inquietud. Creado por Rich Harris en 2016, Svelte propone un enfoque radicalmente diferente al desarrollo de interfaces web: en lugar de ejecutar gran parte del código en el navegador, lo transpila en tiempo de compilación, generando un código optimizado, rápido y sin la necesidad de una máquina virtual de JavaScript. Esta idea, que en un principio parecía una rareza en un ecosistema dominado por bibliotecas pesadas y costosos ciclos de renderizado, pronto captó la atención de desarrolladores que buscaban una alternativa más eficiente y ligera.

Sin embargo, aprender una nueva tecnología no es solo cuestión de conocer su sintaxis o su API. Es comprender los principios detrás de su diseño, su filosofía y las razones que la convierten en una herramienta poderosa. **Este libro no es solo un manual técnico sobre Svelte.js; es una guía integral que te llevará desde los fundamentos hasta la construcción de aplicaciones avanzadas, enseñándote a pensar de manera diferente sobre el desarrollo frontend.**

A lo largo de estas páginas, exploraremos desde los principios más básicos de Svelte, como su sistema de reactividad y su gestión de estado, hasta aspectos más avanzados como la integración con APIs, el enrutamiento con SvelteKit, la optimización del rendimiento y las mejores prácticas para producción. Cada capítulo está diseñado con un enfoque práctico, permitiendo que los conceptos se afiancen a través de ejemplos claros, desafíos reales y ejercicios que fortalecerán tu comprensión.

¿Para quién es este libro?

- Para desarrolladores web que buscan simplificar su flujo de trabajo sin sacrificar el rendimiento.
- Para principiantes en el desarrollo frontend que desean una curva de aprendizaje más amigable en comparación con otros frameworks.

- Para programadores experimentados que quieren explorar una nueva forma de construir aplicaciones modernas.
- Para docentes y estudiantes que buscan un enfoque didáctico y estructurado en su aprendizaje.

El aprendizaje de una nueva tecnología es una inversión de tiempo y esfuerzo, pero también una puerta a nuevas oportunidades. Svelte.js ha demostrado ser una alternativa sólida en la industria, con una comunidad en crecimiento y casos de uso que van desde aplicaciones empresariales hasta prototipos ultrarrápidos. **Este libro no solo te enseñará Svelte; te dará las herramientas para pensar de manera más eficiente sobre la web y su futuro.**

Así que si alguna vez has sentido que el desarrollo frontend se ha vuelto innecesariamente complicado, o si simplemente quieres explorar un enfoque fresco y moderno, estás en el lugar correcto. **Bienvenido a "Svelte.js: De Cero a Experto".**

Es hora de escribir código más limpio, más rápido y más intuitivo.

Prólogo

El desarrollo web ha estado en constante evolución desde los primeros días de la Internet. Desde los sitios web estáticos de la década de los 90 hasta las sofisticadas aplicaciones de una sola página (SPA) que usamos hoy en día, cada avance ha traído consigo nuevas herramientas y enfoques para mejorar la experiencia del usuario y la eficiencia del desarrollo. Sin embargo, este progreso también ha generado una creciente complejidad: frameworks pesados, tiempos de carga prolongados y arquitecturas cada vez más difíciles de mantener.

En este panorama surge Svelte.js, un framework que desafía el statu quo y redefine cómo construimos aplicaciones web modernas.

Cuando Rich Harris presentó Svelte en 2016, pocos imaginaron que esta nueva propuesta se convertiría en una de las tecnologías más admiradas por la comunidad de desarrolladores. A diferencia de React, Vue o Angular, Svelte adopta un enfoque revolucionario: en lugar de ejecutar una capa de abstracción en el navegador, **compila el código en JavaScript puro durante el proceso de construcción.** Esto elimina la necesidad de un runtime adicional y resulta en aplicaciones más ligeras, rápidas y eficientes.

Pero la verdadera magia de Svelte no solo reside en su rendimiento, sino en su filosofía de diseño. Con una sintaxis clara, directa y sin el exceso de boilerplate que caracteriza a otros frameworks, Svelte permite a los desarrolladores centrarse en lo que realmente importa: construir experiencias intuitivas y de alto rendimiento con un código más simple y mantenible.

Este libro nace con la intención de llevar a los lectores en un viaje profundo y estructurado a través de Svelte.js, desde sus conceptos básicos hasta el desarrollo de aplicaciones complejas. No es solo un manual técnico, sino una guía pensada para que cualquier persona, sin importar su nivel de experiencia, pueda dominar Svelte de manera progresiva y efectiva.

El contenido de este libro ha sido diseñado con un enfoque pedagógico, dividido en partes que reflejan la evolución natural de un desarrollador que se adentra en el ecosistema de Svelte:

- Primero, exploraremos los fundamentos esenciales y entenderemos qué hace a Svelte tan especial.

- Luego, aprenderemos sobre la creación de componentes, la reactividad, la gestión del estado y la interactividad.

- Más adelante, nos sumergiremos en técnicas avanzadas, como la optimización del rendimiento, la integración con APIs, las animaciones y el despliegue de proyectos.

- Finalmente, cerraremos con la introducción a **SvelteKit**, la solución moderna para el desarrollo de aplicaciones completas con Svelte.

Pero este libro no es solo sobre código. También busca fomentar una nueva forma de pensar sobre el desarrollo web, alejándonos de la complejidad innecesaria y adoptando un enfoque más fluido, natural y eficiente. **Aprender Svelte no solo es aprender un framework, es reaprender a programar con una perspectiva más simple y poderosa.**

A lo largo de sus páginas, los lectores encontrarán ejercicios prácticos, desafíos y ejemplos aplicados que les permitirán no solo entender la teoría, sino también ponerla en acción en proyectos reales. Este enfoque garantiza que al finalizar el libro, no solo habrás aprendido Svelte, sino que habrás adquirido las habilidades necesarias para desarrollar aplicaciones modernas con confianza y eficiencia.

Si eres un desarrollador que busca mejorar su flujo de trabajo, un principiante que quiere entrar al mundo del desarrollo frontend sin una curva de aprendizaje empinada, o simplemente alguien que quiere explorar una alternativa más eficiente a los frameworks tradicionales, este libro está escrito para ti.

Bienvenido a **Svelte.js: De Cero a Experto**. **Es hora de redescubrir la simplicidad y el poder del desarrollo web.**

Qué esperar de este libro

El mundo del desarrollo web es un ecosistema dinámico, en constante cambio, donde las tecnologías evolucionan rápidamente y los paradigmas se redefinen con cada nueva innovación. Si bien frameworks como React y Vue han dominado el panorama en los últimos años, también han traído consigo una creciente complejidad: grandes bundles de JavaScript, tiempos de carga elevados y una curva de aprendizaje que puede ser desalentadora para quienes comienzan.

Svelte.js llega como una alternativa revolucionaria, simplificando el desarrollo web sin comprometer la potencia ni la eficiencia. Su enfoque compilado permite escribir código limpio y declarativo sin necesidad de un runtime en el navegador, lo que se traduce en aplicaciones más rápidas, optimizadas y fáciles de mantener.

Este libro **no es solo una introducción a Svelte**, es una **guía completa y estructurada** que te llevará desde los conceptos más básicos hasta el desarrollo de aplicaciones complejas listas para producción. No importa si eres un principiante en desarrollo frontend o un programador con experiencia en otros frameworks, aquí encontrarás un camino claro para aprender, mejorar y dominar Svelte.

¿Qué aprenderás en este libro?

1. **Fundamentos de Svelte.js**
   - Cómo funciona Svelte y por qué es diferente.
   - Instalación y configuración del entorno de desarrollo.
   - Creación de componentes y estructura básica de una aplicación.

2. **Interactividad y gestión del estado**
   - Reactividad en Svelte: cómo funciona sin necesidad de una API compleja.
   - Manejo de eventos y comunicación entre componentes.
   - Stores: el sistema de gestión de estado de Svelte.

3. **Estilización y diseño**
   - Aplicación de estilos globales y locales en Svelte.
   - Uso de preprocesadores como SCSS y Tailwind CSS.

4. **Desarrollo avanzado**
   - Integración con APIs y manejo de datos en tiempo real.
   - Enrutamiento y navegación con Svelte.
   - Animaciones y transiciones personalizadas.

5. **Optimización y despliegue**

- Mejores prácticas para maximizar el rendimiento de una aplicación.
- Comparación con otros frameworks y cuándo elegir Svelte.
- Implementación de proyectos con SvelteKit.

6. **Recursos adicionales**

- Preguntas frecuentes y resolución de problemas comunes.
- Recursos y comunidades para seguir aprendiendo.
- Casos de uso reales de empresas que han adoptado Svelte con éxito.

¿Cómo está estructurado el libro?

Este libro está diseñado para facilitar el aprendizaje progresivo. **Cada capítulo introduce nuevos conceptos con explicaciones detalladas, ejemplos prácticos y ejercicios que refuerzan el conocimiento adquirido.** Al final de cada sección, encontrarás una autoevaluación con respuestas correctas para medir tu progreso.

Además, el contenido está dividido en **seis partes principales**, cada una enfocada en una etapa diferente del aprendizaje de Svelte. Desde la instalación hasta el despliegue, pasando por la interactividad, el estado y la optimización, cada parte está diseñada para ayudarte a desarrollar una comprensión completa del framework.

Para quienes buscan una guía estructurada pero flexible, este libro ofrece la posibilidad de **aprender a tu propio ritmo**, permitiéndote explorar capítulos en orden o saltar directamente a las secciones que más te interesen.

¿Para quién está dirigido este libro?

- Desarrolladores frontend que buscan un framework más eficiente y sencillo.
- Programadores con experiencia en otros frameworks (React, Vue, Angular) que desean explorar una alternativa optimizada.
- Estudiantes y autodidactas que buscan un recurso completo y bien organizado.
- Equipos de desarrollo que desean mejorar el rendimiento y la mantenibilidad de sus aplicaciones.

Lo que este libro no es

Si bien este libro ofrece una cobertura completa de Svelte y sus principales características, no es una referencia exhaustiva sobre cada detalle de la tecnología. Tampoco es un libro de teoría sobre desarrollo web en general; **está enfocado en la aplicación práctica de Svelte, con ejemplos y estrategias para su uso en el mundo real.**

Al finalizar este libro, no solo comprenderás a fondo Svelte.js, sino que también habrás adquirido **habilidades para desarrollar aplicaciones web modernas con una de las tecnologías más innovadoras del ecosistema frontend.**

Si alguna vez te has preguntado si existe una manera más simple, intuitiva y eficiente de construir interfaces web, la respuesta está aquí. **Bienvenido a Svelte.js: De Cero a Experto.**

Notas del autor

Escribir un libro sobre una tecnología en constante evolución es un desafío apasionante. No solo porque las herramientas y los paradigmas cambian con el tiempo, sino porque el mundo del desarrollo web nunca se detiene. Nuevas versiones, nuevas prácticas y nuevas necesidades emergen cada día. Sin embargo, hay algo que no cambia: **la necesidad de escribir código claro, eficiente y mantenible.**

Cuando comencé a explorar Svelte.js, no tardé en darme cuenta de que no era simplemente "otro framework más". No requería una capa de abstracción pesada ni demandaba una curva de aprendizaje empinada. En lugar de eso, ofrecía un enfoque sorprendentemente directo y lógico, casi como si me estuviera recordando **por qué me enamoré del desarrollo frontend en primer lugar.**

Svelte me hizo replantear muchos aspectos del desarrollo de aplicaciones web. Me llevó a cuestionar la complejidad innecesaria de otros frameworks y a descubrir que **la simplicidad bien implementada puede ser más poderosa que la sofisticación excesiva.** Pero más allá de la tecnología en sí, lo que más me motivó a escribir este libro fue la idea de compartir ese mismo descubrimiento con otros desarrolladores, principiantes y expertos por igual.

¿Por qué este libro?

Este libro nace de una convicción: **aprender una nueva tecnología no tiene por qué ser frustrante.** Mi objetivo es que esta guía te ayude a entender Svelte de manera clara y natural, sin la fatiga que a veces genera aprender un framework nuevo.

Si vienes de React, Vue o Angular, aquí encontrarás una perspectiva fresca que desafía muchas de las convenciones con las que has trabajado. Si eres principiante en el desarrollo web, quiero que este libro sea un puente accesible entre los fundamentos y la creación de proyectos reales. Y si simplemente buscas un enfoque más eficiente para construir interfaces web, espero que las páginas que siguen te ayuden a encontrarlo.

El aprendizaje como viaje

El desarrollo web es un camino de aprendizaje continuo. No importa cuánto creas saber, siempre hay algo nuevo por descubrir. **Este libro no pretende ser la última palabra en Svelte.js, sino un compañero de viaje, una hoja de ruta que te guíe desde los primeros pasos hasta el dominio avanzado de la herramienta.**

Cada capítulo ha sido escrito con la intención de que **aprendas haciendo**. La teoría es importante, pero lo verdaderamente esencial es la práctica. En estas páginas encontrarás explicaciones, ejemplos y ejercicios que te permitirán convertir el conocimiento en experiencia.

Un mensaje final

Si algo he aprendido en todos estos años de desarrollo y enseñanza es que no hay una única manera correcta de programar. **El código no es solo lógica, es también creatividad.** Cada desarrollador tiene su propio estilo, su propio ritmo de aprendizaje y su propia forma de abordar los problemas.

Por eso, más allá de los conceptos técnicos que este libro cubre, mi invitación es que experimentes, explores y te apropies de la tecnología. **No te limites a leer el código: ejecútalo, modifícalo, rómpelo y vuélvelo a construir.** La mejor forma de aprender no es seguir instrucciones al pie de la letra, sino desafiar lo aprendido y adaptarlo a tu propio pensamiento.

Si al final de este libro Svelte te ha hecho replantear cómo desarrollas aplicaciones web, si ha logrado simplificar tu flujo de trabajo o si te ha inspirado a seguir aprendiendo, entonces mi objetivo se habrá cumplido.

Gracias por permitirme acompañarte en este camino. Ahora, empecemos.

Parte 1: Introducción a Svelte.js

1. ¿Qué es Svelte y por qué usarlo?

El estado actual del desarrollo web

Durante la última década, el desarrollo de aplicaciones web ha estado dominado por frameworks y bibliotecas como React, Vue y Angular. Estas herramientas han permitido la creación de aplicaciones ricas e interactivas, pero también han introducido una capa de complejidad adicional: ciclos de renderizado costosos, archivos JavaScript voluminosos y arquitecturas cada vez más difíciles de mantener.

El problema subyacente de estos frameworks tradicionales es su dependencia de un **runtime en el navegador**. Esto significa que cada aplicación debe cargar una librería que gestiona la manipulación del DOM, la actualización de la interfaz y la reactividad. A medida que una aplicación crece en tamaño y funcionalidad, este runtime puede volverse un cuello de botella en términos de rendimiento.

Aquí es donde entra **Svelte.js**, con una propuesta completamente diferente: en lugar de ejecutarse en el navegador, **Svelte compila el código en JavaScript puro en tiempo de construcción, eliminando la necesidad de un runtime pesado.**

¿Qué es Svelte?

Svelte es un **compilador de JavaScript** que permite construir interfaces de usuario de manera simple, eficiente y con un código más limpio. A diferencia de frameworks como React o Vue, que utilizan una Virtual DOM para gestionar la renderización de componentes, **Svelte convierte los componentes en código optimizado de JavaScript, eliminando la sobrecarga del framework en el navegador.**

Principales características de Svelte:

✔ **No necesita un runtime en el navegador:** el código se compila en JavaScript puro, lo que mejora significativamente el rendimiento.

✔ **Menos código, más eficiencia:** en comparación con React o Vue, los componentes de Svelte requieren menos líneas de código para lograr la misma funcionalidad.

✔ **Reactividad incorporada:** Svelte no necesita una API especial para manejar el estado; simplemente modificar una variable actualiza automáticamente la interfaz.

✔ **Transiciones y animaciones nativas:** permite crear efectos visuales fluidos sin necesidad de librerías adicionales.

✔ **Menos dependencias externas:** Svelte es más ligero porque no requiere una gran cantidad de paquetes adicionales para funcionar.

¿Por qué Svelte es diferente?

Svelte rompe con el enfoque tradicional de los frameworks frontend al trasladar la carga de trabajo del navegador al momento de la compilación. Para entender mejor esto, comparemos su flujo de trabajo con el de React y Vue:

Característica	React	Vue	Svelte
Manejo del DOM	Virtual DOM	Virtual DOM	Sin Virtual DOM (compilación directa)

Característica	React	Vue	Svelte
Reactividad	Hooks y useState	Computed y Watchers	Reactividad nativa con variables
Código en producción	Incluye el runtime	Incluye el runtime	Código JavaScript puro, sin runtime
Tamaño de la librería	~42 KB	~33 KB	~2 KB

La principal ventaja de este enfoque es que **Svelte elimina la necesidad de ejecutar cálculos costosos en tiempo de ejecución**, lo que se traduce en **aplicaciones más rápidas y eficientes, especialmente en dispositivos móviles o entornos con recursos limitados.**

¿Quién debería usar Svelte?

Svelte es ideal para cualquier desarrollador que busque una alternativa más simple y ligera a frameworks tradicionales. Se recomienda especialmente en los siguientes casos:

- **Desarrolladores frontend** que buscan una curva de aprendizaje más amigable sin sacrificar el poder y la eficiencia.
- **Proyectos que requieren alto rendimiento**, como aplicaciones móviles o interactivas con muchos cambios en la UI.
- **Equipos que desean reducir la complejidad del código**, minimizando dependencias externas y tiempos de carga.
- **Programadores con experiencia en React o Vue** que quieren probar un enfoque diferente y más optimizado.

Conclusión

Svelte no es solo otro framework más en el ecosistema JavaScript; es una **nueva forma de pensar sobre el desarrollo frontend.** Su enfoque basado en compilación permite construir aplicaciones más rápidas, con menos código y sin las limitaciones de un runtime. A medida que avancemos en este libro, exploraremos en profundidad cada una de sus características, desde la creación de componentes hasta el despliegue de aplicaciones reales.

En el siguiente capítulo, aprenderemos cómo **instalar y configurar el entorno de desarrollo para comenzar a trabajar con Svelte.**

Historia y evolución de Svelte.js

El desarrollo web ha experimentado una transformación radical en las últimas dos décadas. Pasamos de simples páginas HTML estáticas a aplicaciones interactivas de una sola página (SPA), con una creciente dependencia de JavaScript para manejar la interactividad y la experiencia del usuario. En este contexto, surgieron varios frameworks y bibliotecas para facilitar el desarrollo frontend, pero también introdujeron una gran cantidad de complejidad y sobrecarga en los navegadores.

Svelte.js no es solo otro framework más en el ecosistema de JavaScript; es un **cambio de paradigma** en la forma en que construimos aplicaciones web. A diferencia de React, Angular o Vue, Svelte no utiliza un **runtime en el navegador** para gestionar la interfaz de usuario. En su lugar, **compila el código en JavaScript puro en tiempo de construcción, generando código optimizado que interactúa directamente con el DOM.**

Los orígenes de Svelte

Los primeros problemas en el desarrollo web

Antes del auge de los frameworks modernos, los desarrolladores web utilizaban jQuery y Vanilla JavaScript para manipular el DOM y gestionar eventos. Sin embargo, con el crecimiento de las aplicaciones web dinámicas, esta aproximación pronto se volvió difícil de escalar. Surgieron nuevos problemas:

1. **Código desorganizado y difícil de mantener:** La lógica de manipulación del DOM estaba dispersa en diferentes partes del código.
2. **Rendimiento deficiente:** Cada cambio en la UI requería múltiples llamadas al DOM, lo que afectaba la velocidad de las aplicaciones.
3. **Falta de componentes reutilizables:** No existía una forma sencilla de encapsular elementos de la interfaz con su propia lógica y estilo.

En respuesta a estos problemas, surgieron frameworks como **Angular (2010), React (2013) y Vue (2014)**, que introdujeron conceptos como la reactividad, el Virtual DOM y la renderización declarativa. Sin embargo, aunque estos frameworks resolvieron muchos de los problemas anteriores, también trajeron consigo **una nueva complejidad y un mayor peso en las aplicaciones.**

El nacimiento de Svelte (2016)

En 2016, **Rich Harris**, periodista de datos y desarrollador de The Guardian, presentó **Svelte.js** como una solución a los problemas de los frameworks tradicionales. Su motivación principal fue la siguiente:

> *"Los frameworks modernos requieren que el navegador haga demasiado trabajo. ¿Por qué no podemos trasladar esa carga al momento de la compilación?"*

El concepto detrás de Svelte era innovador: **en lugar de enviar una librería completa al navegador, Svelte convertiría el código en JavaScript puro optimizado antes de que llegara al usuario final.**

Las primeras versiones de Svelte se enfocaron en la simplicidad y el rendimiento, pero con el tiempo, el framework evolucionó para incluir nuevas características sin sacrificar su esencia.

Evolución de Svelte.js

Svelte 1.0 (2016) – La idea inicial

La primera versión de Svelte introdujo el concepto central del framework: **compilar los componentes en JavaScript puro, en lugar de ejecutar un runtime en el navegador.** Aunque era una idea revolucionaria, su adopción fue limitada en sus inicios debido a la falta de herramientas y documentación.

Svelte 2.0 (2017) – Primeros refinamientos

Un año después, Svelte 2.0 trajo mejoras significativas en la forma en que se declaraban los componentes y su reactividad. Se introdujeron optimizaciones en la compilación y se mejoró la legibilidad del código.

Svelte 3.0 (2019) – El gran salto

La versión 3.0 de Svelte marcó **el punto de inflexión** en la adopción del framework. Con una API simplificada y un sistema de reactividad basado en la asignación de variables (en lugar de un sistema de estado complejo como React o Vue), Svelte se convirtió en una alternativa atractiva para muchos desarrolladores.

Principales mejoras en **Svelte 3.0**:

- **Reactividad sin necesidad de API:** No más `setState()` ni `this.$data`. Ahora, simplemente cambiar una variable actualiza la interfaz.

- **Menos código y mejor legibilidad:** La cantidad de código necesario para construir aplicaciones se redujo significativamente.
- **Stores para manejo de estado global:** Introducción de un mecanismo flexible y fácil de usar para gestionar datos compartidos entre componentes.
- **Transiciones y animaciones nativas:** Agregó una API integrada para animaciones sin necesidad de librerías externas.

La combinación de estas características hizo que **Svelte 3.0 fuera visto como el framework más sencillo y eficiente en la industria.**

SvelteKit (2021) – Expandiendo el ecosistema

Uno de los desafíos de Svelte era la falta de un **framework oficial para construir aplicaciones completas**, similar a Next.js en React o Nuxt en Vue. Para resolver esto, en 2021 se lanzó **SvelteKit**, un framework de aplicación que permite:

- **Renderizado en el servidor (SSR)** y generación de sitios estáticos (SSG).
- **Optimización de carga y código divido automáticamente.**
- **Soporte para enrutamiento avanzado y API endpoints dentro del mismo proyecto.**

Con la introducción de SvelteKit, **Svelte se convirtió en una solución completa para construir aplicaciones web modernas, desde pequeñas páginas estáticas hasta grandes plataformas interactivas.**

El presente y futuro de Svelte

Hoy, Svelte es considerado uno de los frameworks más innovadores y eficientes en el desarrollo web. Empresas como **The New York Times, Spotify, IBM, Apple y Microsoft** han experimentado con Svelte para mejorar el rendimiento de sus aplicaciones.

¿Hacia dónde va Svelte?

A medida que el framework gana más adopción, su comunidad sigue creciendo y su ecosistema sigue evolucionando. Entre los desarrollos más esperados se encuentran:

- **Svelte 5:** Se espera una nueva versión con aún más optimización en la compilación y soporte mejorado para herramientas modernas.
- **Mejor integración con TypeScript:** Aunque Svelte ya ofrece compatibilidad con TypeScript, futuras versiones lo harán aún más robusto.

- **Expansión de SvelteKit:** Con más funcionalidades para aplicaciones empresariales y mayor integración con servicios en la nube.

Svelte ha demostrado que **es posible simplificar el desarrollo web sin perder potencia.** Su crecimiento continuo sugiere que en los próximos años **podría convertirse en una alternativa aún más seria a frameworks tradicionales como React y Vue.**

Conclusión

Desde su creación en 2016 hasta su adopción actual, Svelte ha pasado de ser un experimento a una herramienta madura y estable. Su enfoque basado en **compilación en lugar de ejecución en el navegador** lo convierte en una de las soluciones más innovadoras del desarrollo web moderno.

En los siguientes capítulos, exploraremos **cómo instalar y configurar un entorno de desarrollo en Svelte, entender su sintaxis y empezar a construir nuestros primeros componentes.**

Diferencias entre Svelte y otros frameworks (React, Vue, Angular)

En el ecosistema de JavaScript, existen varias opciones para construir interfaces de usuario. **React, Vue y Angular** han dominado el mercado durante años, cada uno con sus fortalezas y particularidades. Sin embargo, **Svelte adopta un enfoque completamente diferente**, lo que lo convierte en una alternativa atractiva para quienes buscan simplicidad, rendimiento y menor carga en el navegador.

A continuación, haremos una comparación detallada de **Svelte vs. React, Vue y Angular** en diferentes aspectos clave.

1. Modelo de ejecución: Runtime vs. Compilación

La mayor diferencia entre Svelte y los otros frameworks es su **modelo de ejecución.**

- **React, Vue y Angular** funcionan con un **runtime en el navegador.** Es decir, incluyen una librería que gestiona la renderización del DOM y la reactividad en tiempo de ejecución.

- **Svelte elimina el runtime**: En lugar de ejecutar el código en el navegador, lo compila en JavaScript optimizado durante el proceso de construcción (build).

¿Qué significa esto en la práctica?

✔ Menos código enviado al navegador.

✔ Menos cálculos en tiempo de ejecución.

✔ Mejor rendimiento, especialmente en dispositivos de bajos recursos.

Característica	React	Vue	Angular	Svelte
Tipo de framework	Biblioteca	Framework	Framework	Compilador
Runtime en el navegador	■	■	■	✘
Enfoque de renderizado	Virtual DOM	Virtual DOM + Directivas	DOM real + Change Detection	DOM compilado
Necesita reconciliación	■	■	■	✘
Eficiencia en la actualización del DOM	Media	Media	Media	Alta

2. Tamaño y rendimiento

Debido a su modelo de compilación, Svelte genera **aplicaciones más ligeras** que React, Vue o Angular.

Característica	React	Vue	Angular	Svelte
Tamaño del framework (comprimido)	42 KB	33 KB	120 KB	2 KB
Rendimiento inicial	Medio	Medio	Bajo	Alto
Requiere optimización manual	Sí	Sí	Sí	No
Carga en dispositivos móviles	Media	Media	Baja	Alta

✔ **Svelte genera menos código y ejecuta menos instrucciones en el navegador**, lo que se traduce en **cargas más rápidas** y mejor rendimiento en dispositivos de bajos recursos.

3. Manejo del estado y reactividad

Uno de los puntos donde más se diferencian estos frameworks es en **cómo gestionan la reactividad y el estado de la aplicación**.

Característica	React	Vue	Angular	Svelte
Estado local	useState()	Ref() / Computed	Variables en clase	Variables reactivas
Estado global	Context API / Redux	Vuex / Pinia	RxJS / Services	Stores
Reactividad nativa	✘	◼	✘	◼
Necesidad de APIs externas	Alta	Media	Alta	Baja

✔ **En Svelte, simplemente asignar un nuevo valor a una variable actualiza la UI**, sin necesidad de `setState()` o APIs externas.

Ejemplo en **React** con `useState()`:

```
import { useState } from 'react';
function App() {
  const [count, setCount] = useState(0);
  return <button onClick={() => setCount(count + 1)}>Contador:
{count}</button>;
}
```

Ejemplo en **Svelte** (más simple y sin `useState()`):

```
<script>
  let count = 0;
</script>

<button on:click={() => count++}>Contador: {count}</button>
```

✔ **Svelte es el único framework con reactividad basada en asignaciones de variables**, lo que reduce la necesidad de boilerplate y APIs adicionales.

4. Sintaxis y facilidad de uso

Svelte busca **simplificar** la forma en que los desarrolladores escriben código, eliminando la necesidad de sintaxis verbosa y plantillas innecesarias.

Ejemplo de un **componente en React**:

```
function Saludo({ nombre }) {
  return <h1>Hola, {nombre}</h1>;
}
```

Ejemplo en **Vue**:

```
<template>
  <h1>Hola, {{ nombre }}</h1>
</template>
<script>
export default {
  props: ["nombre"]
};
</script>
```

Ejemplo en **Svelte**:

```
<script>
  export let nombre;
</script>

<h1>Hola, {nombre}</h1>
```

✔ **Menos código y más claridad en Svelte**.

Característica	React	Vue	Angular	Svelte
Curva de aprendizaje	Media	Media	Alta	Baja
Necesita configuración extra	Sí	Sí	Sí	No
Código conciso	No	Parcialmente	No	Sí

5. Enrutamiento y gestión de proyectos grandes

Svelte no incluye un sistema de enrutamiento por defecto, mientras que Angular y Vue sí lo hacen. Sin embargo, **SvelteKit** resuelve este problema al proporcionar un framework completo similar a Next.js para React.

Característica	React	Vue	Angular	Svelte
Enrutamiento integrado	✖	■	■	✖ (pero usa SvelteKit)
Manejo de estado global	Externo (Redux, Context)	Vuex / Pinia	RxJS	Stores
Soporte para SSR / SSG	■ (Next.js)	■ (Nuxt.js)	■	■ (SvelteKit)

✔ **SvelteKit facilita la creación de aplicaciones completas con SSR y SSG, al igual que Next.js y Nuxt.js.**

6. Popularidad y comunidad

Si bien Svelte ha crecido en adopción, aún no tiene la misma cantidad de recursos y comunidad que React o Vue. Sin embargo, **su crecimiento es constante y muchas empresas ya lo están adoptando**.

Característica	React	Vue	Angular	Svelte
Adopción en la industria	Alta	Alta	Media	Creciendo
Comunidad y soporte	Muy grande	Grande	Media	En crecimiento
Empresas que lo usan	Facebook, Instagram, Netflix	Alibaba, Xiaomi, GitLab	Google, Microsoft, IBM	Spotify, NY Times, IBM

✔ **Svelte aún es joven en comparación con otros frameworks, pero su adopción está en crecimiento.**

Conclusión: ¿Cuándo elegir Svelte?

Si bien React, Vue y Angular son opciones sólidas para el desarrollo frontend, **Svelte ofrece una alternativa más eficiente y liviana**.

Elige Svelte si...

- Buscas **rendimiento optimizado** con código más ligero y rápido.
- Quieres una **curva de aprendizaje sencilla** sin necesidad de configuraciones complejas.
- Prefieres **menos código repetitivo** y más claridad en la sintaxis.
- Trabajas en aplicaciones que deben ser rápidas y eficientes en dispositivos móviles.

No elijas Svelte si...

- Tu equipo ya está profundamente integrado con React o Vue.
- Necesitas un ecosistema muy maduro con librerías específicas.
- Trabajas en proyectos con arquitecturas muy grandes que requieren soluciones probadas a gran escala.

En resumen, **Svelte no es solo una opción más, es un nuevo paradigma en el desarrollo frontend.** En los siguientes capítulos, aprenderemos cómo empezar a trabajar con él y construir aplicaciones modernas con este innovador framework.

Filosofía detrás de Svelte

Svelte no es solo un framework más en el ecosistema JavaScript; es un **nuevo enfoque para el desarrollo de interfaces de usuario**. Desde su concepción, **Svelte ha sido diseñado para simplificar la creación de aplicaciones web sin sacrificar el rendimiento**. Mientras otros frameworks se centran en abstraer la manipulación del DOM con herramientas como el Virtual DOM, **Svelte adopta una filosofía basada en la compilación**, eliminando código innecesario y optimizando la ejecución en el navegador.

A continuación, exploraremos los principios fundamentales que guían el diseño y la evolución de Svelte.

1. "Write less code" (Escribe menos código)

Uno de los principales objetivos de Svelte es **reducir la cantidad de código necesario** para construir una aplicación funcional.

En frameworks como React o Vue, los desarrolladores deben escribir una cantidad considerable de código adicional para definir estados, eventos y estructuras de componentes. En Svelte, **el código es más directo y conciso**.

Ejemplo de contador en React (con useState)

```
import { useState } from 'react';

function Counter() {
  const [count, setCount] = useState(0);
  return <button onClick={() => setCount(count + 1)}>Contador:
{count}</button>;
}
```

El mismo contador en Svelte (más simple y directo)

```
<script>
  let count = 0;
</script>

<button on:click={() => count++}>Contador: {count}</button>
```

✔ **Menos código significa menos puntos de fallo, mayor claridad y mejor mantenibilidad.**

2. "No runtime, just JavaScript" (Sin runtime, solo JavaScript puro)

Mientras que otros frameworks requieren un **runtime en el navegador** para interpretar el código y actualizar el DOM, **Svelte no necesita un runtime en producción**.

En lugar de interpretar el código en tiempo de ejecución, Svelte **compila** los componentes en JavaScript puro durante el proceso de construcción. Esto significa que **no hay una capa extra de abstracción ejecutándose en el navegador, lo que mejora la velocidad y el rendimiento.**

✔ **Menos sobrecarga en el navegador significa aplicaciones más rápidas y eficientes.**

3. Reactividad basada en asignaciones de variables

Svelte introduce una **forma natural de manejar la reactividad** sin necesidad de hooks, getters, setters o estructuras complejas.

En React o Vue, es necesario utilizar funciones específicas (`setState`, `computed`, `watch`, etc.) para que los cambios en el estado sean detectados. **En Svelte, simplemente modificar una variable actualiza la UI automáticamente.**

Ejemplo en Vue (con ref)

```
<template>
  <button @click="count++">Contador: {{ count }}</button>
</template>

<script>
import { ref } from 'vue';

export default {
  setup() {
    const count = ref(0);
    return { count };
  }
};
</script>
```

El mismo ejemplo en Svelte (más natural)

```
<script>
  let count = 0;
</script>

<button on:click={() => count++}>Contador: {count}</button>
```

✔ **Svelte elimina la necesidad de "envolver" las variables en estructuras especiales para hacerlas reactivas.**

4. "The framework should disappear" (El framework debe desaparecer)

Svelte no quiere ser un intermediario entre el desarrollador y el navegador. Su propósito es **compilar el código en JavaScript puro y permitir que la aplicación corra sin depender de una librería adicional en producción.**

Esto se traduce en:

- **Aplicaciones más rápidas.**
- **Menos dependencias.**
- **Mayor flexibilidad.**

React y Vue necesitan cargar sus propias librerías para que las aplicaciones funcionen. En Svelte, una vez que el código es compilado, **no hay rastros del framework en la aplicación final.**

✔ **El resultado es código optimizado que se ejecuta como si lo hubieras escrito directamente en JavaScript.**

5. "CSS is part of the component" (Los estilos forman parte del componente)

Uno de los aspectos más innovadores de Svelte es que **integra los estilos directamente en los componentes.**

En frameworks como React o Vue, los estilos deben manejarse con archivos CSS separados, preprocesadores o soluciones como Styled Components. **En Svelte, cada componente puede contener su propio CSS aislado, sin necesidad de configuraciones adicionales.**

Ejemplo de estilos en Svelte

```
<style>
  button {
    background-color: #ff3e00;
    color: white;
    padding: 10px;
    border: none;
    cursor: pointer;
  }
</style>
```

```
<script>
  let count = 0;
</script>

<button on:click={() => count++}>Contador: {count}</button>
```

✔ **El CSS de cada componente está encapsulado y no afecta otros elementos en la aplicación.**

6. "Animations and transitions should be easy" (Las animaciones y transiciones deben ser fáciles)

Svelte incluye un **sistema de animaciones y transiciones nativo**, sin necesidad de bibliotecas externas.

Ejemplo de transición en Svelte

```
<script>
  import { fade } from 'svelte/transition';
  let visible = true;
</script>

<button on:click={() => visible = !visible}>Alternar</button>

{#if visible}
  <p transition:fade>Este texto aparece y desaparece suavemente.</p>
{/if}
```

✔ **En Svelte, agregar animaciones es tan simple como usar** `transition:`.

En otros frameworks, como React, tendrías que instalar una librería adicional (`react-transition-group`), definir clases CSS y manejar los eventos de entrada y salida manualmente.

7. "Build high-performance apps by default" (Construye aplicaciones de alto rendimiento por defecto)

Debido a su modelo basado en compilación, **Svelte optimiza automáticamente el código generado para que las aplicaciones sean rápidas sin necesidad de ajustes manuales**.

- **Menos código en producción**: Un componente de Svelte genera código JavaScript optimizado, sin la necesidad de un runtime adicional.

- **Menos cálculos en el navegador**: La reactividad y el renderizado se procesan en tiempo de compilación, lo que reduce la carga en el cliente.

- **Menos dependencias**: No necesitas Redux, Vuex o Context API para gestionar el estado global, ya que Svelte ofrece su propio sistema de Stores.

✔ **El resultado es una aplicación que carga más rápido y consume menos recursos.**

Conclusión: Un enfoque diferente para el desarrollo web

Svelte se diferencia de otros frameworks porque **no intenta ser una capa intermedia entre el desarrollador y el navegador**, sino que busca desaparecer después de la compilación, dejando solo JavaScript puro y optimizado.

Los principios clave de Svelte:

⬛ **Menos código** → Más productividad y menos errores.
⬛ **Sin runtime en producción** → Código más ligero y rápido.
⬛ **Reactividad simple** → Sin `setState()` ni estructuras complejas.
⬛ **Estilos encapsulados** → Sin conflictos ni dependencias externas.
⬛ **Animaciones y transiciones nativas** → Sin necesidad de librerías adicionales.
⬛ **Alto rendimiento por defecto** → Sin necesidad de optimizaciones manuales.

En el siguiente capítulo, aprenderemos cómo instalar y configurar Svelte para empezar a trabajar con este poderoso framework.

2. Instalación y configuración del entorno

Antes de comenzar a escribir código con **Svelte**, necesitamos preparar nuestro entorno de desarrollo. En este capítulo, configuraremos **Node.js**, **npm** y crearemos nuestro primer proyecto con **SvelteKit**, la herramienta recomendada para desarrollar aplicaciones modernas con Svelte.

Configuración de Node.js y npm

¿Por qué necesitamos Node.js?

Svelte no requiere un **runtime** en el navegador, pero **sí necesita ser compilado antes de ejecutarse**. Para esto, usamos Node.js, que nos permite manejar las dependencias del proyecto, compilar código y correr herramientas de desarrollo.

npm (Node Package Manager) es el administrador de paquetes que viene integrado con Node.js y nos permite instalar y gestionar las bibliotecas necesarias para nuestro proyecto.

Paso 1: Verificar si ya tienes Node.js instalado

Antes de instalar Node.js, verifica si ya está en tu sistema ejecutando el siguiente comando en la terminal o en el símbolo del sistema:

```
node -v
```

Si ves algo como esto:

```
v18.16.0
```

Significa que ya tienes Node.js instalado.

Para verificar la versión de npm:

```
npm -v
```

Salida esperada (puede variar según la versión):

```
9.5.1
```

Si ya tienes una versión reciente de Node.js (v18 o superior), **puedes saltar a la sección de instalación de Svelte**.

Paso 2: Descargar e instalar Node.js

Si no tienes Node.js instalado, sigue estos pasos:

1. **Descarga la última versión de Node.js** desde la página oficial:
   👉 https://nodejs.org/
2. **Elige la versión recomendada para la mayoría de los usuarios** (LTS - Long Term Support).
3. Instala el paquete

   siguiendo las instrucciones del asistente de instalación.

   - En Windows, selecciona la opción para agregar Node.js al PATH.

   - En macOS y Linux, sigue las instrucciones del instalador.

Después de la instalación, verifica que Node.js y npm estén disponibles ejecutando nuevamente los comandos:

```
node -v
npm -v
```

Si aparecen los números de versión, significa que la instalación fue exitosa.

Paso 3: Usar nvm para gestionar versiones de Node.js (Opcional pero recomendado)

Si trabajas con múltiples proyectos y versiones diferentes de Node.js, se recomienda usar **nvm (Node Version Manager)** para cambiar entre versiones fácilmente.

Instalación de nvm en Windows

Puedes instalar **nvm-windows** desde:
👉 https://github.com/coreybutler/nvm-windows

Después de la instalación, puedes verificarlo con:

```
nvm version
```

Para instalar y usar una versión específica de Node.js:

```
nvm install 18
nvm use 18
```

Instalación de nvm en macOS/Linux

Ejecuta el siguiente comando en la terminal:

```
curl -o- https://raw.githubusercontent.com/nvm-
sh/nvm/v0.39.1/install.sh | bash
```

Luego, reinicia la terminal y verifica que nvm esté instalado:

```
nvm --version
```

Para instalar Node.js:

```
nvm install 18
nvm use 18
```

Conclusión

Ahora que hemos instalado **Node.js y npm**, estamos listos para crear nuestro primer proyecto en Svelte. En el siguiente apartado, aprenderemos cómo **instalar y configurar SvelteKit** para empezar a desarrollar aplicaciones con las mejores prácticas.

Creación de un nuevo proyecto en Svelte

Una vez que tenemos **Node.js y npm** configurados, estamos listos para crear nuestro primer proyecto con **Svelte**. Aunque es posible trabajar con Svelte de manera independiente, la mejor práctica hoy en día es usar **SvelteKit**, el framework oficial de Svelte para construir aplicaciones modernas, con soporte para **SSR (Server-Side Rendering), enrutamiento automático y optimización de carga**.

En este apartado, aprenderemos a:

✔ Crear un nuevo proyecto con SvelteKit.

✔ Instalar dependencias y configurar el entorno.

✔ Ejecutar el servidor de desarrollo.

1. Elegir la herramienta adecuada para crear un proyecto

Desde la llegada de **SvelteKit**, hay dos formas principales de crear proyectos en Svelte:

⬛ **Usar SvelteKit (Recomendado para aplicaciones completas)**

⬛ **Usar plantillas básicas de Svelte (Para proyectos pequeños o sin SSR)**

Para la mayoría de los casos, usaremos **SvelteKit**, ya que ofrece una configuración optimizada con soporte para **enrutamiento, SSR, SSG y manejo de datos eficiente**.

2. Crear un proyecto con SvelteKit

Para crear un nuevo proyecto en SvelteKit, abre la terminal y ejecuta:

```
npm create svelte@latest mi-proyecto-svelte
```

Este comando descargará los archivos base y te guiará a través de un asistente interactivo donde podrás configurar tu proyecto según tus necesidades.

Opciones de configuración

Durante la instalación, verás las siguientes opciones:

✔ **Project type:**

- `skeleton project` → Un proyecto vacío (recomendado para empezar desde cero).

- `demo app` → Un proyecto con ejemplos preconfigurados.

✔ **Add TypeScript support?**

- `Yes` → Si quieres usar TypeScript.

- `No` → Si prefieres usar JavaScript puro.

✔ **Add ESLint for code linting?**

- Yes → Para mejorar la calidad del código con reglas de estilo.

- No → Si no lo necesitas.

✔ Add Prettier for code formatting?

- Yes → Para mantener un código limpio y uniforme.

- No → Si no lo quieres.

Después de seleccionar tus preferencias, se generará la estructura de archivos del proyecto.

3. Instalar dependencias

Una vez creado el proyecto, navega dentro del directorio del proyecto y ejecuta la instalación de las dependencias:

```
cd mi-proyecto-svelte
npm install
```

Este comando descargará todas las librerías necesarias para que el proyecto funcione correctamente.

4. Ejecutar el servidor de desarrollo

Para iniciar el entorno de desarrollo y ver el proyecto en acción, ejecuta:

```
npm run dev
```

Si todo está correctamente instalado, verás un mensaje como este en la terminal:

```
Local: http://localhost:5173/
Network: use --host to expose
```

Abre http://localhost:5173/ en tu navegador y verás la página inicial del proyecto con SvelteKit funcionando.

5. Estructura del proyecto en SvelteKit

Cuando abras el proyecto en tu editor de código (recomendado **VS Code**), verás la siguiente estructura:

```
mi-proyecto-svelte/
|— src/
|    ├── routes/        # Definición de páginas y enrutamiento
|    ├── lib/           # Archivos reutilizables (componentes, stores,
etc.)
|    ├── app.html       # Archivo raíz de la aplicación
|— static/             # Archivos estáticos (imágenes, fuentes, etc.)
|— svelte.config.js    # Configuración de Svelte
|— package.json        # Dependencias del proyecto
|— tsconfig.json       # Configuración de TypeScript (si se
seleccionó)
|— .eslintrc.cjs       # Configuración de ESLint (si se seleccionó)
|— .prettierrc         # Configuración de Prettier (si se seleccionó)
```

Nota:

- Todo lo relacionado con las páginas se encuentra dentro de **src/routes/**.

- Puedes crear nuevos archivos dentro de `routes/` para definir nuevas rutas.

- Los archivos estáticos como imágenes y fuentes van en **static/**.

6. Alternativa: Crear un proyecto simple sin SvelteKit

Si prefieres un proyecto básico sin enrutamiento ni SSR, usa este comando en la terminal:

```
npx degit sveltejs/template mi-proyecto-svelte
```

Luego, instala las dependencias y ejecuta el servidor:

```
cd mi-proyecto-svelte
npm install
npm run dev
```

Esta opción es útil para **proyectos pequeños** o cuando solo necesitas usar Svelte dentro de otra aplicación existente.

Conclusión

Ahora tenemos nuestro entorno de desarrollo listo con SvelteKit. **En el próximo capítulo, aprenderemos sobre la estructura de un componente en Svelte y cómo empezar a construir nuestra primera interfaz.**

Estructura de un proyecto en Svelte

Una vez que hemos creado nuestro proyecto en **Svelte** o **SvelteKit**, es importante entender cómo está organizado para trabajar de manera eficiente. Svelte sigue una estructura de proyecto modular y flexible, donde cada archivo y directorio tiene una función específica.

En este capítulo, analizaremos la estructura de un proyecto estándar en **SvelteKit**, ya que es la forma más recomendada para desarrollar aplicaciones modernas con Svelte.

1. Estructura general de un proyecto en SvelteKit

Después de ejecutar `npm create svelte@latest mi-proyecto-svelte` y configurar el entorno, el proyecto tendrá la siguiente estructura:

```
mi-proyecto-svelte/
|— src/
|    ├— routes/          # Definición de páginas y enrutamiento
|    ├— lib/             # Archivos reutilizables (componentes,
stores, helpers)
|    ├— app.html         # Archivo raíz de la aplicación
|— static/              # Archivos estáticos (imágenes, fuentes,
etc.)
|— svelte.config.js     # Configuración de Svelte
|— package.json         # Dependencias del proyecto
|— tsconfig.json        # Configuración de TypeScript (si se
seleccionó)
|— .eslintrc.cjs        # Configuración de ESLint (si se seleccionó)
|— .prettierrc          # Configuración de Prettier (si se
seleccionó)
|— node_modules/        # Módulos instalados por npm
|— vite.config.js       # Configuración de Vite (herramienta de
bundling)
```

2. Explicación de cada carpeta y archivo

/src/ (Código fuente de la aplicación)

Contiene la lógica principal del proyecto.

/routes/ (Sistema de enrutamiento basado en archivos)

En SvelteKit, las páginas se crean dentro de la carpeta routes/.

```
src/
|— routes/
|    ├— +layout.svelte   # Layout global (opcional)
|    ├— +page.svelte     # Página principal (index)
|    ├— about/
|    |    ├— +page.svelte  # Página "About"
|    ├— blog/
|    |    ├— +page.svelte  # Página de blog
|    |    ├— [slug]/
|    |    |    ├— +page.svelte  # Página dinámica con slug
```

📌 **Cada carpeta dentro de** routes/ **representa una ruta en la aplicación.**

📌 **Los archivos** +page.svelte **definen páginas individuales.**

📌 **Las rutas dinámicas se definen con** [nombre] **(por ejemplo,** [slug] **).**

Ejemplo de una ruta `/about` :

```
<!-- src/routes/about/+page.svelte -->
<script>
  let mensaje = "Bienvenido a la página About";
</script>

<h1>{mensaje}</h1>
```

Si accedemos a `http://localhost:5173/about` , veremos la página "About" sin necesidad de configurar un sistema de rutas manualmente.

`/lib/` (Componentes reutilizables y utilidades)

Aquí guardamos código que se usará en varias partes de la aplicación, como **componentes, funciones de ayuda y stores de estado.**

Ejemplo de estructura en `lib/` :

```
src/
|— lib/
|    ├— components/
|    |    ├— Header.svelte
|    |    ├— Footer.svelte
|    ├— stores.js          # Estado global con stores
|    ├— helpers.js         # Funciones de utilidad
```

Ejemplo de un **componente reutilizable**:

```
<!-- src/lib/components/Button.svelte -->
<script>
  export let text = "Click me!";
</script>

<button>{text}</button>
```

Podemos importarlo en cualquier página:

```
<script>
  import Button from "$lib/components/Button.svelte";
</script>


<Button text="Haz clic aquí" />
```

📌 **Nota:** `$lib` es un alias que permite importar archivos de `src/lib/` sin usar rutas relativas.

`/app.html` (Archivo base de la aplicación)

Este archivo contiene la estructura HTML base de la aplicación. En él se inyectarán los componentes de Svelte.

```
<!DOCTYPE html>
<html lang="es">
<head>
    <meta charset="UTF-8" />
    <meta name="viewport" content="width=device-width, initial-scale=1.0" />
    %sveltekit.head%
</head>
<body>
    <div>%sveltekit.body%</div>
</body>
</html>
```

📌 **`%sveltekit.head%` y `%sveltekit.body%` son marcadores donde SvelteKit inyectará el contenido dinámico.**

`/static/` (Archivos estáticos)

Aquí guardamos imágenes, fuentes, íconos y otros archivos estáticos que no cambian en tiempo de ejecución.

Ejemplo de archivos en `static/`:

```
static/
|— logo.png
|— favicon.ico
|— robots.txt
```

Los archivos dentro de `static/` están disponibles directamente en la URL sin necesidad de importarlos en el código.
Ejemplo:

```
http://localhost:5173/logo.png
```

`svelte.config.js` (Configuración global de Svelte)

Este archivo define configuraciones opcionales, como adaptadores para diferentes plataformas.

Ejemplo de configuración básica:

```js
import adapter from '@sveltejs/adapter-auto';

export default {
  kit: {
    adapter: adapter()
  }
};
```

Podemos cambiar `adapter-auto` por otro adaptador si queremos desplegar la aplicación en **Vercel, Netlify o Cloudflare**.

`package.json` (Dependencias del proyecto)

Contiene la lista de paquetes necesarios para la aplicación.

Ejemplo de `package.json`:

```json
{
  "name": "mi-proyecto-svelte",
  "version": "1.0.0",
  "scripts": {
    "dev": "vite dev",
    "build": "vite build",
    "preview": "vite preview"
  },
  "dependencies": {
    "@sveltejs/kit": "^1.0.0",
```

```
      "svelte": "^3.50.0"
    },
    "devDependencies": {
      "eslint": "^8.10.0",
      "prettier": "^2.5.1"
    }
  }
```

Para instalar nuevas dependencias, usamos:

```
npm install nombre-paquete
```

`vite.config.js` (Configuración de Vite)

SvelteKit usa **Vite** como su herramienta de construcción (bundler), lo que permite tiempos de carga ultrarrápidos.

Ejemplo de `vite.config.js`:

```
import { sveltekit } from '@sveltejs/kit/vite';

export default {
  plugins: [sveltekit()]
};
```

Resumen de la estructura del proyecto en Svelte

Carpeta / Archivo	Descripción
/src/	Código fuente principal del proyecto.
/routes/	Define las páginas y rutas de la app.
/lib/	Componentes reutilizables, helpers y stores.
/static/	Archivos estáticos (imágenes, fuentes, etc.).
svelte.config.js	Configuración global de SvelteKit.
package.json	Lista de dependencias y scripts del proyecto.

Carpeta / Archivo	Descripción
`vite.config.js`	Configuración de Vite para el build.

Conclusión

SvelteKit ofrece una estructura modular y optimizada que permite **crear aplicaciones de manera rápida y eficiente**. A diferencia de frameworks tradicionales, **no es necesario configurar un sistema de enrutamiento ni preocuparse por la estructura del proyecto**, ya que todo está organizado de manera lógica y sencilla.

En el próximo capítulo, comenzaremos a trabajar con **componentes en Svelte**, creando interfaces dinámicas y reactivas.

Conceptos básicos de Svelte

Svelte introduce una manera única y simplificada de construir aplicaciones frontend. En este capítulo, exploraremos la **sintaxis y estructura de un componente en Svelte**, comprendiendo cómo funciona la reactividad, el manejo de eventos y la comunicación entre componentes.

1. ¿Qué es un componente en Svelte?

Un **componente en Svelte** es una unidad independiente de código que encapsula estructura (HTML), estilo (CSS) y lógica (JavaScript). Es similar a los componentes en React o Vue, pero en Svelte **no hay una capa intermedia de Virtual DOM**, lo que hace que el código sea más rápido y eficiente.

Ejemplo de un componente básico en Svelte:

```
<script>
  let nombre = "Mundo";
</script>


<h1>Hola, {nombre}!</h1>
```

Explicación:

✔ La lógica va dentro de la etiqueta `<script>`

✔ La sintaxis `{nombre}` inserta el valor de la variable en la plantilla

✔ Se usa HTML normal para estructurar el componente

2. Estructura de un componente en Svelte

Cada componente de Svelte tiene **tres secciones principales**:

⬛ `<script>` → Lógica y estado

⬛ **HTML** → Plantilla del componente

⬛ `<style>` → Estilos locales

Ejemplo completo de un componente:

```
<script>
  let contador = 0;

  function incrementar() {
    contador += 1;
  }
</script>

<h1>Contador: {contador}</h1>
<button on:click={incrementar}>Incrementar</button>

<style>
  h1 {
    color: #ff3e00;
  }
  button {
    background-color: black;
    color: white;
    padding: 10px;
  }
</style>
```

¿Qué está pasando aquí?

✔ `let contador = 0;` → Declara una variable reactiva.

✔ `on:click={incrementar}` → Asigna una función al evento `click`.

✔ `{contador}` → Imprime la variable en la plantilla.

✔ Los estilos son locales al componente y no afectan otros elementos.

3. Reactividad en Svelte

En Svelte, **la reactividad se basa en la asignación de variables**. A diferencia de React, donde se usa `setState`, en Svelte **simplemente modificar la variable actualiza la UI**.

Ejemplo de reactividad en Svelte:

```
<script>
  let contador = 0;
</script>

<h1>{contador}</h1>
<button on:click={() => contador++}>Sumar</button>
```

📌 **No necesitas `setState()` ni `useState()`**, simplemente actualizar la variable es suficiente.

✔ **Svelte es el único framework donde la reactividad es natural y sin necesidad de APIs adicionales.**

4. Variables derivadas (Computed Properties en Svelte)

A veces necesitamos que una variable dependa de otra y se actualice automáticamente. En Svelte, esto se logra con **variables derivadas**.

Ejemplo:

```
<script>
  let precio = 100;
  let impuesto = 0.21;
  let total = precio * (1 + impuesto);
</script>

<p>Precio base: ${precio}</p>
<p>Impuesto: ${impuesto * 100}%</p>
<p>Total a pagar: ${total}</p>
```

📌 **Cada vez que `precio` o `impuesto` cambien, `total` se actualizará automáticamente.**

✔ No necesitas una función `computed()` como en Vue.

5. Reactividad con $: (reactividad automática)

En algunos casos, necesitamos calcular valores derivados basados en variables reactivas **después de su modificación**. Para esto, usamos `$:` en Svelte.

Ejemplo:

```
<script>
  let base = 5;
  let altura = 10;

  $: area = base * altura;
</script>

<p>Área del rectángulo: {area}</p>
<button on:click={() => base++}>Aumentar base</button>
<button on:click={() => altura++}>Aumentar altura</button>
```

📌 **Cada vez que `base` o `altura` cambien, `area` se recalculará automáticamente.**

✔️ `$:` se usa para definir código que debe ejecutarse automáticamente cuando cambian las dependencias.

6. Eventos en Svelte

Svelte usa `on:evento` para manejar eventos.

Ejemplo de botón con evento `click`:

```
<script>
  function mostrarAlerta() {
    alert("¡Botón presionado!");
  }
</script>

<button on:click={mostrarAlerta}>Presiona aquí</button>
```

Eventos con parámetros

Si necesitas pasar parámetros a una función dentro de un evento, usa `bind:this`.

Ejemplo:

```
<script>
  function saludar(nombre) {
    alert(`Hola, ${nombre}!`);
  }
</script>


<button on:click={() => saludar('Juan')}>Saludar</button>
```

✔ **En Svelte no necesitas `event.preventDefault()` para eventos básicos, ya que los maneja de forma nativa.**

7. Propiedades (`props`) en Svelte

Los componentes en Svelte pueden recibir valores **usando `export let`**.

Ejemplo:

```
<!-- Componente hijo (Boton.svelte) -->
<script>
  export let texto = "Click aquí";
</script>


<button>{texto}</button>
```

Ahora podemos importar y usar este componente en otro archivo:

```
<script>
  import Boton from "./Boton.svelte";
</script>


<Boton texto="Aceptar" />
<Boton texto="Cancelar" />
```

📌 **Cada instancia del componente puede recibir valores distintos.**

✔ Similar a `props` en React o Vue, pero sin necesidad de definir una interfaz adicional.

8. Comunicación entre componentes

Emitir eventos desde un componente hijo

Si queremos que un componente hijo comunique información al padre, usamos **eventos personalizados (dispatch).**

Ejemplo:

Componente hijo (Boton.svelte)

```
<script>
  import { createEventDispatcher } from "svelte";

  const dispatch = createEventDispatcher();

  function hacerClick() {
    dispatch("clicado", { mensaje: "El botón fue presionado!" });
  }
</script>

<button on:click={hacerClick}>Haz clic</button>
```

Componente padre (App.svelte)

```
<script>
  import Boton from "./Boton.svelte";

  function manejarEvento(evento) {
    console.log(evento.detail.mensaje);
  }
</script>

<Boton on:clicado={manejarEvento} />
```

📌 dispatch("clicado", { mensaje: "texto" }) envía un evento al componente padre con datos adjuntos.

✔ Svelte simplifica la comunicación entre componentes sin necesidad de useState o emit como en otros frameworks.

Conclusión

En este capítulo hemos visto la estructura básica de un componente en Svelte y cómo manejar:

✔ **Variables y reactividad**
✔ **Eventos y funciones**
✔ **Propiedades y comunicación entre componentes**

Svelte ofrece **una de las sintaxis más limpias y eficientes** en el desarrollo frontend. En los siguientes capítulos, exploraremos **el manejo del estado, los stores y el enrutamiento en SvelteKit.**

Reactividad y variables en Svelte

Uno de los aspectos más innovadores de **Svelte** es su enfoque de **reactividad nativa**. A diferencia de frameworks como **React**, que requieren el uso de `useState()` para gestionar el estado, o **Vue**, que usa `ref()` y `computed()`, en **Svelte las variables son reactivas por defecto**.

En este capítulo, exploraremos cómo funciona la reactividad en Svelte, cómo actualizar variables y cómo usar `$:` para ejecutar código de forma reactiva.

1. Reactividad basada en asignaciones

En **Svelte, modificar el valor de una variable automáticamente actualiza la UI.**

Ejemplo básico:

```
<script>
  let contador = 0;
</script>


<h1>Contador: {contador}</h1>
<button on:click={() => contador++}>Incrementar</button>
```

📌 **No necesitas** `setState()`, `computed()` **ni ninguna API externa.**

¿Por qué esto es importante?

✔ **Menos código** → No necesitas usar funciones auxiliares como en React o Vue.
✔ **Más rendimiento** → No se realizan cálculos innecesarios, solo se actualiza la variable específica.

En comparación con React:

```
import { useState } from "react";

function Contador() {
  const [contador, setContador] = useState(0);

  return (
    <>
      <h1>Contador: {contador}</h1>
      <button onClick={() => setContador(contador +
1)}>Incrementar</button>
    </>
  );
}
```

📌 En **React** necesitas `useState()`, mientras que en **Svelte** simplemente asignas un nuevo valor a la variable.

2. Reactividad con `$:` (reactividad automática en Svelte)

A veces, necesitamos **realizar cálculos cuando una variable cambia**. En Svelte, podemos usar `$:` para declarar código reactivo.

Ejemplo: Cálculo automático basado en variables

```
<script>
  let base = 5;
  let altura = 10;

  $: area = base * altura;
</script>

<p>Base: {base}</p>
<p>Altura: {altura}</p>
<p>Área del rectángulo: {area}</p>

<button on:click={() => base++}>Aumentar Base</button>
<button on:click={() => altura++}>Aumentar Altura</button>
```

📌 Cada vez que `base` o `altura` cambian, `area` se recalcula automáticamente.

✔️ Svelte evita la necesidad de `computed()` (Vue) o `useMemo()` (React), simplificando el código.

3. Variables reactivas con `$:` en bloques de código

Si necesitas ejecutar **acciones más complejas cuando una variable cambia**, usa `$:` en un bloque de código.

Ejemplo: Mostrar un mensaje cuando el contador alcanza cierto valor

```
<script>
  let contador = 0;

  $: {
    if (contador >= 10) {
      console.log("¡El contador alcanzó 10!");
    }
  }
</script>

<h1>Contador: {contador}</h1>
<button on:click={() => contador++}>Incrementar</button>
```

📌 Cada vez que `contador` cambia, se evalúa el bloque de código dentro de `$:`.

✔️ Ideal para ejecutar efectos secundarios de forma automática sin `useEffect()` (React).

4. Variables derivadas

Las variables derivadas permiten crear valores que dependen de otras variables sin necesidad de definir funciones adicionales.

Ejemplo: Formatear un precio con impuestos

```
<script>
  let precio = 100;
  let impuesto = 0.21;

  $: total = precio * (1 + impuesto);
</script>

<p>Precio: ${precio}</p>
<p>Impuesto: {impuesto * 100}%</p>
<p><strong>Total a pagar: ${total}</strong></p>
```

📌 Cada vez que precio o impuesto cambian, total se actualiza automáticamente.

✔ No necesitas una función extra, simplemente $: mantiene el valor actualizado.

5. Reactividad con arrays y objetos

Svelte también detecta cambios en **arrays y objetos**, pero hay que asegurarse de reasignarlos correctamente.

Ejemplo con arrays:

```
<script>
  let lista = ["Manzana", "Banana", "Naranja"];

  function agregarFruta() {
    lista = [...lista, "Uva"]; // Reasignamos el array
  }
</script>

<ul>
  {#each lista as fruta}
    <li>{fruta}</li>
  {/each}
</ul>

<button on:click={agregarFruta}>Agregar Uva</button>
```

📌 Svelte no detecta cambios en arrays mutables (ej. `lista.push("Uva")`), por lo que hay que reasignar la variable.

✔ Usa el operador `spread ( ... )` para crear una nueva referencia y forzar la actualización.

Ejemplo con objetos:

```
<script>
  let usuario = { nombre: "Juan", edad: 25 };

  function aumentarEdad() {
    usuario = { ...usuario, edad: usuario.edad + 1 }; // Reasignamos
el objeto
  }
</script>

<p>Nombre: {usuario.nombre}</p>
<p>Edad: {usuario.edad}</p>

<button on:click={aumentarEdad}>Cumplir años</button>
```

📌 Svelte no detecta cambios en propiedades individuales de un objeto, es necesario reasignar la variable completa.

✔ Usa `spread ( ... )` para actualizar objetos de manera reactiva.

6. Reactividad en eventos de formularios

Los formularios y campos de entrada pueden actualizar variables de forma automática con `bind:value`.

Ejemplo: Input sincronizado con una variable

```
<script>
  let nombre = "";
</script>

<input type="text" bind:value={nombre} placeholder="Escribe tu
nombre">
<p>Hola, {nombre}!</p>
```

📌 `bind:value` **vincula el valor del input con la variable automáticamente.**

✔ **No necesitas manejar eventos** `onChange` **como en React.**

Ejemplo con `select` y `checkbox`

```
<script>
  let seleccionado = "rojo";
  let esAceptado = false;
</script>

<select bind:value={seleccionado}>
  <option value="rojo">Rojo</option>
  <option value="azul">Azul</option>
  <option value="verde">Verde</option>
</select>
<p>Color seleccionado: {seleccionado}</p>

<input type="checkbox" bind:checked={esAceptado}>
<p>{esAceptado ? "Aceptaste los términos" : "Debes aceptar los
términos"}</p>
```

📌 **Svelte maneja los formularios automáticamente sin eventos** `onChange`
innecesarios.

7. Comunicación entre componentes con reactividad

Las variables en Svelte se pueden comunicar entre **componentes padre e hijo**
mediante **props (** `export let` **) y eventos personalizados (** `dispatch()` **).**

Ejemplo de **propiedades reactivas:**

📌 **Componente hijo (** `Saludo.svelte` **)**

```
<script>
  export let nombre;
</script>

<h1>Hola, {nombre}!</h1>
```

📌 **Componente padre (** `App.svelte` **)**

```
<script>
  import Saludo from "./Saludo.svelte";
  let nombreUsuario = "Carlos";
</script>


<Saludo nombre={nombreUsuario} />
```

✔ **Cuando** `nombreUsuario` **cambia, el componente hijo se actualiza automáticamente.**

Conclusión

La **reactividad en Svelte** es **más simple y eficiente** que en otros frameworks porque:

- ✔ No requiere `setState()` (React) ni `computed()` (Vue).
- ✔ `$:` permite ejecutar código automáticamente cuando cambian las variables.
- ✔ `bind:value` hace que los formularios sean reactivos sin código adicional.
- ✔ Arrays y objetos requieren reasignación para ser reactivos.

En el siguiente capítulo, exploraremos cómo manejar eventos en Svelte para hacer nuestras aplicaciones más interactivas.

Manejo de eventos en Svelte

En **Svelte**, el manejo de eventos es simple y directo. En lugar de usar APIs externas como `useState` (React) o `v-on` (Vue), **Svelte utiliza la sintaxis** `on:evento` para asociar eventos directamente a elementos HTML y componentes.

En este capítulo, exploraremos:

- ✔ Cómo manejar eventos en Svelte con `on:evento`.
- ✔ Cómo pasar parámetros a eventos.
- ✔ Cómo prevenir eventos predeterminados.
- ✔ Cómo usar `bind:` para vincular valores automáticamente.
- ✔ Cómo crear eventos personalizados para la comunicación entre componentes.

1. Escuchar eventos con `on:evento`

En Svelte, podemos asociar eventos de forma nativa usando la sintaxis `on:evento`.

Ejemplo básico con un botón:

```
<script>
  function mostrarAlerta() {
    alert("¡Botón presionado!");
  }
</script>

<button on:click={mostrarAlerta}>Presiona aquí</button>
```

📌 El evento `click` ejecuta la función `mostrarAlerta()` cuando el usuario hace clic.

✔️ Svelte elimina la necesidad de `addEventListener()`, permitiendo un código más limpio.

2. Pasar parámetros a eventos

Si queremos pasar un valor a la función del evento, podemos hacerlo usando una función flecha.

Ejemplo:

```
<script>
  function saludar(nombre) {
    alert(`Hola, ${nombre}!`);
  }
</script>

<button on:click={() => saludar("Juan")}>Saludar a Juan</button>
<button on:click={() => saludar("María")}>Saludar a María</button>
```

📌 Cada botón pasa un parámetro diferente a la función `saludar()`.

✔️ Más simple y directo que usar `bind(this)` en JavaScript tradicional.

3. Prevenir eventos predeterminados (`event.preventDefault()`)

Si queremos prevenir el comportamiento por defecto de un formulario, podemos usar `event.preventDefault()`.

Ejemplo con un formulario:

```
<script>
  function manejarEnvio(event) {
    event.preventDefault();
    alert("Formulario enviado (sin recargar la página).");
  }
</script>

<form on:submit={manejarEnvio}>
  <input type="text" placeholder="Tu nombre">
  <button type="submit">Enviar</button>
</form>
```

📌 Sin `event.preventDefault()`, el formulario recargaría la página.

✔️ Svelte permite capturar `event` automáticamente en la función de manejo del evento.

---

4. Capturar eventos y acceder al objeto event

Si queremos obtener detalles del evento, simplemente pasamos `event` como argumento.

Ejemplo:

```
<script>
  function manejarClick(event) {
    console.log("Coordenadas:", event.clientX, event.clientY);
  }
</script>

<button on:click={manejarClick}>Haz clic y revisa la consola</button>
```

📌 `event.clientX` y `event.clientY` nos dan la posición del clic en la pantalla.

✔️ Útil para aplicaciones interactivas como juegos o herramientas de dibujo.

---

5. Eventos de teclado y mouse

Svelte permite capturar eventos de **teclado y mouse** fácilmente.

Ejemplo: Capturar una tecla presionada

```
<script>
  let teclaPresionada = "";

  function manejarTecla(event) {
    teclaPresionada = event.key;
  }
</script>

<input type="text" on:keydown={manejarTecla} placeholder="Escribe
algo">
<p>Última tecla presionada: {teclaPresionada}</p>
```

📌 `event.key` devuelve la tecla presionada.

✔ Útil para accesibilidad y atajos de teclado en aplicaciones.

Ejemplo: Evento `mousemove` para capturar la posición del mouse

```
<script>
  let x = 0;
  let y = 0;

  function actualizarPosicion(event) {
    x = event.clientX;
    y = event.clientY;
  }
</script>

<div on:mousemove={actualizarPosicion} style="height: 200px; border:
1px solid black;">
  <p>Posición del mouse: {x}, {y}</p>
</div>
```

📌 Cada vez que el usuario mueve el mouse sobre el `div`, actualizamos las coordenadas.

✔ Útil para herramientas gráficas o efectos dinámicos en la UI.

6. Modificadores de eventos (`once`, `self`, `capture`)

Svelte permite usar **modificadores de eventos** para optimizar su comportamiento.

Ejemplo: `once` (ejecutar solo una vez)

```
<button on:click|once={() => alert("Este botón solo funciona una
vez")}>
  Haz clic una vez
</button>
```

📌 **El evento solo se ejecuta la primera vez que se hace clic en el botón.**

Ejemplo: `self` (evitar burbujeo de eventos)

```
<div on:click={() => alert("Clic en el DIV")}>
  <button on:click|self={() => alert("Clic en el BOTÓN")}>
    Clic en el botón
  </button>
</div>
```

📌 **Sin `self`, al hacer clic en el botón también se activaría el evento del `div`.**

✔️ `self` **asegura que el evento solo se active en el elemento que lo recibe.**

Ejemplo: `capture` (capturar eventos antes de que lleguen a los hijos)

```
<div on:click|capture={() => alert("Capturado en el div")}>
  <button on:click={() => alert("Clic en el botón")}>
    Clic aquí
  </button>
</div>
```

📌 **Con `capture`, el evento `click` del `div` se ejecuta antes que el del botón.**

✔️ **Útil para gestionar eventos en estructuras anidadas.**

7. Eventos personalizados con dispatch (Comunicación entre componentes)

Svelte permite **crear eventos personalizados** en componentes hijos y enviarlos al componente padre usando `createEventDispatcher()`.

Ejemplo: Botón que emite un evento personalizado

📌 **Componente hijo (`Boton.svelte`)**

```
<script>
  import { createEventDispatcher } from "svelte";

  const dispatch = createEventDispatcher();

  function hacerClick() {
    dispatch("clicado", { mensaje: "¡El botón fue presionado!" });
  }
</script>

<button on:click={hacerClick}>Haz clic aquí</button>
```

📌 **El evento `"clicado"` se enviará al componente padre con un mensaje.**

📌 **Componente padre (`App.svelte`)**

```
<script>
  import Boton from "./Boton.svelte";

  function manejarEvento(evento) {
    console.log(evento.detail.mensaje);
  }
</script>

<Boton on:clicado={manejarEvento} />
```

📌 **El componente padre escucha el evento `clicado` y recibe los datos enviados.**

✔ **Ideal para comunicación entre componentes sin necesidad de Redux, Context API o Vuex.**

Conclusión

✔ **Svelte simplifica el manejo de eventos** con `on:evento` sin necesidad de `addEventListener()`.

✔ Puedes **pasar parámetros fácilmente** usando funciones flecha.

✔ Con `event.preventDefault()`, evitamos comportamientos predeterminados en formularios.

✔ **Los modificadores de eventos** (`once`, `self`, `capture`) optimizan la ejecución de eventos.

✔ **Los eventos personalizados con** `dispatch` **permiten la comunicación eficiente entre componentes.**

En el siguiente capítulo, exploraremos cómo funciona el enrutamiento en Svelte con SvelteKit.

Plantillas y directivas en Svelte

En Svelte, las plantillas utilizan **HTML estándar**, pero con una serie de directivas que permiten manejar lógica como **bucles, condicionales y bindings de datos** de una forma clara y eficiente.

En este capítulo, exploraremos cómo usar **bucles y condicionales en Svelte**, herramientas clave para renderizar contenido dinámico en nuestras aplicaciones.

1. Bucles en Svelte ({#each})

Svelte permite recorrer listas de manera eficiente con la directiva `{#each}`. Su uso es similar a `map()` en JavaScript, pero con una sintaxis más limpia y optimizada.

Ejemplo básico de bucle

```
<script>
  let frutas = ["Manzana", "Banana", "Cereza", "Durazno"];
</script>

<ul>
  {#each frutas as fruta}
    <li>{fruta}</li>
  {/each}
</ul>
```

✔ `{#each array as item}` → Itera sobre el array.

✔ `{item}` → Muestra el valor en cada iteración.

✔ `{/each}` → Cierra el bucle.

2. Acceder al índice de cada elemento

Si necesitamos el índice de cada elemento dentro del bucle, podemos usar una variable adicional.

```
{#each frutas as fruta, i}
  <li>{i + 1}. {fruta}</li>
{/each}
```

📌 **i representa el índice del elemento en el array.**

Salida esperada:

1. Manzana
2. Banana
3. Cereza
4. Durazno

3. Renderizar una lista de objetos

Podemos iterar sobre una lista de objetos y acceder a sus propiedades.

```
<script>
  let productos = [
    { id: 1, nombre: "Laptop", precio: 1200 },
    { id: 2, nombre: "Teléfono", precio: 800 },
    { id: 3, nombre: "Tablet", precio: 600 }
  ];
</script>

<ul>
  {#each productos as producto}
    <li>{producto.nombre} - ${producto.precio}</li>
  {/each}
</ul>
```

📌 Cada objeto de productos se desestructura automáticamente dentro del bucle.

✔️ Ideal para renderizar datos obtenidos de una API.

4. Uso de key para mejorar el rendimiento

Cuando trabajamos con listas dinámicas, es recomendable agregar una key única para que Svelte optimice el renderizado.

```
{#each productos as producto (producto.id)}
  <li>{producto.nombre} - ${producto.precio}</li>
{/each}
```

📌 (producto.id) ayuda a Svelte a identificar cada elemento, evitando re-renderizados innecesarios.

✔️ Buena práctica al trabajar con listas grandes o dinámicas.

5. Mostrar un mensaje si la lista está vacía ({:else})

Podemos manejar el caso en que la lista esté vacía con {:else}.

```
{#each productos as producto}
  <li>{producto.nombre} - ${producto.precio}</li>
{:else}
  <p>No hay productos disponibles.</p>
{/each}
```

📌 Si el array está vacío, se mostrará el mensaje alternativo.

✔️ Evita errores cuando no hay datos disponibles.

6. Condicionales en Svelte ({#if})

Svelte permite manejar **condiciones** de forma declarativa con {#if}, {#else if} y {#else}.

Ejemplo básico de condicional (`{#if}`)

```
<script>
  let mostrarMensaje = true;
</script>

{#if mostrarMensaje}
  <p>Este mensaje es visible.</p>
{/if}
```

📌 **Si** `mostrarMensaje` **es** `true`, **se muestra el** `<p>`.

✔ **No necesitas envolverlo en** `div` **innecesarios como en React.**

7. Condicional con `{:else}`

Podemos manejar el caso contrario con `{:else}`.

```
<script>
  let estaLogueado = false;
</script>

{#if estaLogueado}
  <p>Bienvenido de nuevo.</p>
{:else}
  <p>Por favor, inicia sesión.</p>
{/if}
```

📌 **Si** `estaLogueado` **es** `false`, **se muestra el mensaje alternativo.**

✔ **Evita usar** `display: none` **en CSS para ocultar contenido innecesario.**

8. Condicional con `{:else if}`

Podemos manejar múltiples condiciones con `{:else if}`.

```
<script>
  let edad = 18;
</script>

{#if edad < 18}
  <p>Eres menor de edad.</p>
{:else if edad < 60}
  <p>Eres un adulto.</p>
{:else}
  <p>Eres un adulto mayor.</p>
{/if}
```

📌 **Evalúa las condiciones en orden y muestra la primera que sea** `true`.

✔ **Código más limpio que anidar múltiples** `if...else` **en JavaScript.**

9. Mostrar/Ocultar contenido dinámicamente (`bind:checked`)

Podemos usar **bind:checked** para alternar entre `true` y `false` usando un checkbox.

```
<script>
  let mostrar = false;
</script>

<input type="checkbox" bind:checked={mostrar}> Mostrar contenido

{#if mostrar}
  <p>Contenido visible</p>
{/if}
```

📌 **El checkbox activa/desactiva la visibilidad del contenido.**

✔ **Evita manejar manualmente eventos** `onchange`.

10. Uso combinado de `if` y `each`

Podemos usar {#if} y {#each} juntos para filtrar y mostrar datos dinámicos.

```
<script>
```

```
    let productos = [
      { nombre: "Laptop", stock: 5 },
      { nombre: "Teléfono", stock: 0 },
      { nombre: "Tablet", stock: 8 }
    ];
  </script>

  <ul>
    {#each productos as producto}
      {#if producto.stock > 0}
        <li>{producto.nombre} - Stock: {producto.stock}</li>
      {:else}
        <li>{producto.nombre} - <strong>Agotado</strong></li>
      {/if}
    {/each}
  </ul>
```

📌 **Filtramos productos sin stock dentro del mismo bucle.**

✔ **Evita realizar un** `.filter()` **adicional en JavaScript.**

Conclusión

✔ **Los bucles (** `{#each}` **) permiten recorrer arrays y objetos de manera eficiente.**

✔ **Los condicionales (** `{#if}`, `{:else}`, `{:else if}` **) simplifican la lógica de visibilidad en la UI.**

✔ **Svelte optimiza automáticamente la renderización de listas y cambios en la UI.**

✔ **El uso de** `bind:` **permite actualizar estados sin eventos adicionales.**

En el siguiente capítulo, exploraremos cómo manejar el renderizado dinámico con clases y estilos en Svelte.

Renderizado dinámico en Svelte

El **renderizado dinámico** en Svelte permite actualizar y modificar el contenido de la UI en respuesta a cambios en los datos o eventos del usuario. Gracias a la **reactividad nativa**, Svelte simplifica la manipulación de estilos, clases y estructuras condicionales sin necesidad de herramientas externas.

En este capítulo, exploraremos:

✔ Cómo cambiar dinámicamente el contenido y la estructura de la UI.

✔ Cómo modificar **clases y estilos** en tiempo real.

✔ Cómo renderizar elementos condicionalmente.

1. Renderizado dinámico con variables reactivas

En Svelte, **cualquier cambio en una variable automáticamente actualiza la UI**.

Ejemplo básico:

```
<script>
  let nombre = "Carlos";
</script>


<p>Hola, {nombre}!</p>
<button on:click={() => nombre = "Ana"}>Cambiar Nombre</button>
```

📌 **Cuando se hace clic en el botón, el valor de** `nombre` **cambia y la UI se actualiza automáticamente.**

✔ **Svelte elimina la necesidad de** `setState()` **(React) o** `watch()` **(Vue).**

2. Renderizado condicional con `{#if}` y `{:else}`

Podemos mostrar u ocultar elementos dinámicamente con `{#if}`.

```
<script>
  let logueado = false;
</script>


{#if logueado}
  <p>Bienvenido de nuevo.</p>
  <button on:click={() => logueado = false}>Cerrar sesión</button>
{:else}
  <p>Por favor, inicia sesión.</p>
  <button on:click={() => logueado = true}>Iniciar sesión</button>
{/if}
```

📌 Al hacer clic en el botón, el contenido cambia automáticamente.

✔️ Evita manejar `display: none` manualmente con CSS.

3. Renderizado dinámico de listas con {#each}

Si queremos mostrar una lista que cambia dinámicamente, usamos `{#each}`.

```
<script>
  let tareas = ["Aprender Svelte", "Practicar JavaScript", "Leer
documentación"];

  function agregarTarea() {
    tareas = [...tareas, "Nueva tarea"]; // Se reasigna para ser
reactivo
  }
</script>

<ul>
  {#each tareas as tarea}
    <li>{tarea}</li>
  {/each}
</ul>

<button on:click={agregarTarea}>Agregar Tarea</button>
```

📌 Cada vez que agregamos una tarea, la lista se actualiza sin necesidad de manipular el DOM manualmente.

✔️ Svelte optimiza la actualización del DOM sin necesidad de un Virtual DOM.

4. Renderizado dinámico con clases (class:)

Podemos cambiar clases dinámicamente con `class:` en función de variables.

```
<script>
  let activo = false;
</script>

<button class:activo={activo} on:click={() => activo = !activo}>
  {activo ? "Activo" : "Inactivo"}
```

```
</button>

<style>
  .activo {
    background-color: green;
    color: white;
  }
</style>
```

📌 Cuando `activo` cambia, la clase se aplica automáticamente.

✔ No es necesario manipular `classList` manualmente.

5. Agregar múltiples clases dinámicamente

Si necesitamos aplicar varias clases de manera condicional, podemos usar **class:** **con varias condiciones**.

```
<script>
  let estado = "error"; // Puede ser "exito", "advertencia", "error"
</script>

<p class:exito={estado === "exito"}
   class:advertencia={estado === "advertencia"}
   class:error={estado === "error"}>
  Estado: {estado}
</p>

<style>
  .exito { color: green; }
  .advertencia { color: orange; }
  .error { color: red; }
</style>
```

📌 Cambia de color dinámicamente según el valor de `estado`.

✔ Evita concatenar strings manualmente como en React o Vue.

6. Estilos dinámicos con `style`

Podemos modificar estilos en tiempo real usando `style` en los elementos.

```
<script>
  let tamaño = 16;
</script>


<p style="font-size: {tamaño}px">Texto dinámico</p>
<button on:click={() => tamaño += 2}>Aumentar tamaño</button>
<button on:click={() => tamaño -= 2}>Reducir tamaño</button>
```

📌 **El tamaño de la fuente cambia dinámicamente.**

✔ **Más directo que manipular** `element.style` **manualmente.**

7. Renderizar componentes dinámicamente

Podemos renderizar diferentes componentes según el estado de la aplicación.

Ejemplo: Alternar entre dos componentes

📌 `Mensaje.svelte`

```
<script>
  export let tipo;
</script>


<p class={tipo}>{tipo === "exito" ? "Operación exitosa" : "Ha
ocurrido un error"}</p>


<style>
  .exito { color: green; }
  .error { color: red; }
</style>
```

📌 `App.svelte`

```
<script>
  import Mensaje from "./Mensaje.svelte";
  let tipoMensaje = "exito"; // Puede cambiar a "error"
</script>


<Mensaje tipo={tipoMensaje} />
<button on:click={() => tipoMensaje = "error"}>Mostrar Error</button>
<button on:click={() => tipoMensaje = "exito"}>Mostrar Éxito</button>
```

📌 **El componente cambia automáticamente según** `tipoMensaje`.

✔ Svelte permite renderizar componentes dinámicamente sin `v-if` (Vue) ni ternarias (React).

8. Renderizado con `{@html}` (Inyección de HTML dinámico)

Si necesitamos inyectar contenido HTML dinámico (por ejemplo, texto enriquecido desde una API), podemos usar `{@html}`.

```
<script>
  let contenido = "<strong>Este es un texto en negrita</strong>";
</script>

<p>{@html contenido}</p>
```

📌 `{@html}` **permite interpretar HTML dentro de una variable.**

⚠️ **Advertencia: No uses `{@html}` con datos no confiables** (puede generar vulnerabilidades XSS).

9. Renderizado de elementos en base a eventos (`on:evento`)

Podemos modificar el contenido dinámicamente al interactuar con la UI.

```
<script>
  let texto = "Haz clic en el botón";
</script>

<p>{texto}</p>
<button on:click={() => texto = "¡Texto
actualizado!"}>Actualizar</button>
```

📌 **El texto cambia cuando se presiona el botón.**

✔ **No necesitas `setState()` ni `useState()`.**

10. Renderizado con #await para datos asíncronos

Cuando trabajamos con **datos de una API**, podemos usar `#await` para manejar estados de carga y errores sin `useEffect()` (React).

```
<script>
  let datos = fetch("https://jsonplaceholder.typicode.com/users")
    .then(res => res.json());
</script>
```

```
{#await datos}
  <p>Cargando...</p>
{:then usuarios}
  <ul>
    {#each usuarios as usuario}
      <li>{usuario.name}</li>
    {/each}
  </ul>
{:catch error}
  <p>Error al cargar los datos</p>
{/await}
```

📌 **Muestra un mensaje de carga, los datos o un error automáticamente.**

✔ **Evita manejar** `isLoading` **y** `try/catch` **manualmente.**

Conclusión

✔ **Svelte optimiza el renderizado dinámico sin necesidad de Virtual DOM.**
✔ **Las clases (** `class:` **) y estilos (** `style` **) pueden cambiar dinámicamente sin manipulación manual.**
✔ **Podemos alternar entre componentes y estructuras dinámicas sin necesidad de** `v-if` **(Vue) o** `ternarias` **(React).**
✔ `#await` **simplifica la renderización de datos asíncronos.**

En el siguiente capítulo, exploraremos cómo manejar enrutamiento con SvelteKit para estructurar mejor nuestras aplicaciones.

Uso de clases y estilos en Svelte

En **Svelte**, podemos manipular clases y estilos de manera sencilla, sin necesidad de manipular el `classList` o `style` manualmente como en JavaScript tradicional. Svelte proporciona una forma optimizada para **agregar, quitar y modificar clases y estilos dinámicamente**, facilitando la personalización de la UI sin perder eficiencia.

En este capítulo, exploraremos:

✔ Cómo aplicar clases dinámicamente usando `class:` .

✔ Cómo agregar y eliminar múltiples clases según condiciones.

✔ Cómo modificar estilos en línea de manera reactiva.

✔ Cómo manejar animaciones y transiciones con estilos.

1. Aplicar clases dinámicamente (`class:`)

Svelte permite asignar clases a un elemento según una condición con la directiva `class:nombreDeClase` .

Ejemplo: Alternar una clase con un botón

```
<script>
  let activo = false;
</script>

<button class:activo={activo} on:click={() => activo = !activo}>
  {activo ? "Activo" : "Inactivo"}
</button>

<style>
  .activo {
    background-color: green;
    color: white;
    font-weight: bold;
  }
</style>
```

📌 **Cuando** `activo` **cambia, la clase se agrega o elimina automáticamente.**

✔ **Más limpio que manipular** `classList.toggle()` **en JavaScript.**

2. Aplicar múltiples clases condicionalmente

Podemos agregar múltiples clases dinámicamente usando varias directivas `class:` en el mismo elemento.

```
<script>
  let estado = "error"; // Puede ser "exito", "advertencia" o "error"
</script>

<p class:exito={estado === "exito"}
   class:advertencia={estado === "advertencia"}
   class:error={estado === "error"}>
  Estado: {estado}
</p>

<style>
  .exito { color: green; }
  .advertencia { color: orange; }
  .error { color: red; }
</style>
```

📌 **La clase aplicada cambia según el valor de** `estado`.

✔ **Evita concatenar strings manualmente (** `class={}` **), como en React o Vue.**

3. Clases dinámicas en listas ({#each} y class:)

Podemos aplicar clases diferentes a elementos dentro de un bucle `{#each}`.

```
<script>
  let tareas = [
    { texto: "Aprender Svelte", completada: true },
    { texto: "Hacer ejercicio", completada: false },
    { texto: "Leer un libro", completada: true }
  ];
</script>

<ul>
  {#each tareas as tarea}
    <li class:completada={tarea.completada}>{tarea.texto}</li>
  {/each}
</ul>
```

```
<style>
  .completada {
    text-decoration: line-through;
    color: gray;
  }
</style>
```

📌 Cada elemento de la lista se renderiza con su propia clase según su estado.

✔ Permite estructurar listas con estados visuales sin necesidad de lógica extra.

4. Aplicar clases con expresiones dentro de `class:`

Podemos usar expresiones dentro de `class:` para mayor flexibilidad.

```
<script>
  let temperatura = 30;
</script>

<p class:calor={temperatura > 25} class:frio={temperatura < 15}>
  La temperatura es {temperatura}°C
</p>

<style>
  .calor { color: red; }
  .frio { color: blue; }
</style>
```

📌 Cuando la temperatura es mayor a 25°C, se aplica `.calor`; si es menor a 15°C, se aplica `.frio`.

✔ Más limpio y expresivo que un `if` dentro de `class={}`.

5. Aplicar estilos en línea con `style`

Svelte permite modificar estilos directamente en los elementos con `style="propiedad: {valor}"`.

Ejemplo: Cambiar el tamaño de un texto dinámicamente

```
<script>
  let tamaño = 16;
</script>

<p style="font-size: {tamaño}px">Texto dinámico</p>
<button on:click={() => tamaño += 2}>Aumentar tamaño</button>
<button on:click={() => tamaño -= 2}>Reducir tamaño</button>
```

📌 **Cada vez que el usuario hace clic, el tamaño del texto cambia dinámicamente.**

✔️ **Evita modificar** `element.style` **manualmente en JavaScript.**

6. Estilos con múltiples variables

Podemos usar múltiples variables en `style` para modificar varios aspectos del diseño dinámicamente.

```
<script>
  let ancho = 100;
  let alto = 50;
  let color = "blue";
</script>

<div style="width: {ancho}px; height: {alto}px; background-color:
{color};">
</div>

<button on:click={() => ancho += 10}>Ancho +10</button>
<button on:click={() => alto += 10}>Alto +10</button>
<button on:click={() => color = "red"}>Cambiar a rojo</button>
```

📌 **El** `div` **cambia su tamaño y color dinámicamente según las variables.**

✔️ **Svelte actualiza los estilos automáticamente sin necesidad de** `forceUpdate()`.

7. Uso de `bind:style` para estilos dinámicos reactivos

Podemos **vincular** estilos directamente a variables con `bind:style`.

```
<script>
  let color = "blue";
</script>

<input type="color" bind:value={color}>
<div style="width: 100px; height: 100px; background-color: {color};">
</div>
```

📌 **El color de** `div` **cambia dinámicamente al seleccionar un color en el** `input`.

✔️ **Más intuitivo que manejar eventos** `oninput` **manualmente.**

8. Estilos globales y locales en Svelte

Svelte encapsula automáticamente los estilos dentro de cada componente, evitando conflictos con otros estilos de la aplicación.

Ejemplo: Estilos locales (Solo afectan al componente actual)

```
<style>
  p {
    color: red;
  }
</style>

<p>Este texto es rojo solo en este componente.</p>
```

📌 **Los estilos solo afectan a los elementos dentro del componente.**

✔️ **Evita sobreescribir estilos globales accidentalmente.**

Ejemplo: Estilos globales (`:global`)

Si queremos que un estilo afecte a toda la aplicación, usamos `:global()` .

```
<style>
  :global(body) {
    background-color: lightgray;
  }
</style>
```

📌 **Esto aplica el `background-color` a todo el `body` , afectando la aplicación completa.**

✔ **Útil para definir temas globales sin afectar estilos locales.**

9. Animaciones y transiciones con clases dinámicas

Podemos combinar **clases dinámicas** con transiciones para mejorar la experiencia del usuario.

```
<script>
  let mostrar = false;
</script>

<button on:click={() => mostrar = !mostrar}>
  {mostrar ? "Ocultar" : "Mostrar"} caja
</button>

{#if mostrar}
  <div class="caja"></div>
{/if}

<style>
  .caja {
    width: 100px;
    height: 100px;
    background-color: blue;
    transition: opacity 0.5s ease;
  }

  .caja.hidden {
    opacity: 0;
```

```
    }
</style>
```

📌 Al alternar `mostrar`, la caja aparece/desaparece con una animación suave.

✔ Ideal para efectos dinámicos sin necesidad de `setTimeout()`.

Conclusión

✔ `class:` permite agregar clases dinámicamente sin necesidad de manipular `classList`.

✔ Podemos asignar múltiples clases condicionalmente sin concatenaciones manuales.

✔ `style="propiedad: {valor}"` nos permite modificar estilos en línea dinámicamente.

✔ Los estilos de cada componente son locales, pero podemos hacerlos globales con `:global()`.

✔ Svelte facilita la creación de efectos visuales dinámicos sin código adicional.

En el siguiente capítulo, exploraremos cómo manejar el enrutamiento en Svelte con SvelteKit.

Autoevaluación: Uso de Clases y Estilos en Svelte

A continuación, encontrarás una autoevaluación para reforzar los conocimientos adquiridos sobre **clases y estilos en Svelte**.

- **50% preguntas de desarrollo (escritas)** → Responde explicando con tus propias palabras o escribiendo código.

- **50% preguntas de opción múltiple (multiple choice)** → Elige la opción correcta.

Parte 1: Preguntas de Desarrollo
(Responde con código o explicación escrita)

1. Explica la diferencia entre usar `class:` y `style` en Svelte para modificar la apariencia de un elemento.

Respuesta: *(Escribe una explicación detallada con un ejemplo si es necesario).*

2. Escribe un código en Svelte donde una variable `estado` pueda tener los valores `"activo"` o `"inactivo"`, y aplique una clase CSS condicionalmente según su valor.

Respuesta: *(Escribe un fragmento de código Svelte que demuestre el uso de `class:` basado en la variable `estado`.)*

3. ¿Cómo puedes hacer que un `div` cambie de color dinámicamente según el valor de un `input color` en Svelte? Escribe el código.

Respuesta: *(Proporciona un código funcional de Svelte que use `bind:value` y `style`.)*

4. ¿Cómo puedes aplicar múltiples clases en un elemento en Svelte sin concatenarlas manualmente? Escribe un código que lo demuestre.

Respuesta: *(Escribe un fragmento de código donde un `p` tenga diferentes colores según el valor de una variable.)*

5. ¿Cómo funcionan los estilos locales y globales en Svelte? Explica la diferencia y proporciona un ejemplo para cada caso.

Respuesta: *(Explica en qué consiste cada uno e incluye un ejemplo de* `:global()` *)*

Parte 2: Preguntas de Opción Múltiple

6. ¿Cuál de las siguientes opciones es la forma correcta de aplicar una clase condicionalmente en Svelte?

- a) `<div class={activo ? "activo" : ""}></div>`
- b) `<div class:activo={activo}></div>`
- c) `<div class-if="activo"></div>`
- d) `<div :class="activo"></div>`

Respuesta correcta: █

7. ¿Qué sucede si defines un estilo dentro de un componente en Svelte sin `:global()`?

- a) Los estilos afectarán a todos los elementos de la página.
- b) Solo se aplicarán a los elementos dentro del componente.
- c) Svelte no permite definir estilos dentro de los componentes.
- d) Los estilos serán eliminados después de renderizar el componente.

Respuesta correcta: █

8. ¿Cuál es la manera correcta de cambiar el color de fondo de un elemento según una variable en Svelte?

- a) `<div style="background: {color}"></div>`
- b) `<div style.bind="background-color: color"></div>`
- c) `<div bind:style="background: {color}"></div>`
- d) `<div css:background="{color}"></div>`

Respuesta correcta: █

9. ¿Cuál es la ventaja de usar `class:activo={estado === "activo"}` **en lugar de** `class={estado}` **?**

- a) Mejora el rendimiento porque Svelte elimina clases innecesarias automáticamente.
- b) No tiene ninguna ventaja; ambas formas son equivalentes.
- c) Solo funciona en Svelte 3.5 o superior.
- d) Hace que la aplicación sea más lenta.

Respuesta correcta: ▓

10. ¿Cuál es la función del modificador `:global()` **en Svelte?**

- a) Permite definir estilos que afectan a toda la aplicación.
- b) Permite importar archivos CSS externos dentro de un componente.
- c) Es obligatorio para aplicar estilos dentro de un `script`.
- d) Se usa para definir variables globales en Svelte.

Respuesta correcta: ▓

Respuestas correctas de la autoevaluación

1. *(Desarrollo: Depende del usuario)*

2. *(Desarrollo: Código de estado con clases)*

3. *(Desarrollo: Código de* `input color`*)*

4. *(Desarrollo: Código con múltiples clases)*

5. *(Desarrollo: Explicación de estilos locales y globales)*

6. **b)** `<div class:activo={activo}></div>`

7. **b) Solo se aplicarán a los elementos dentro del componente.**

8. **a)** `<div style="background: {color}"></div>`

9. **a) Mejora el rendimiento porque Svelte elimina clases innecesarias automáticamente.**

10. **a) Permite definir estilos que afectan a toda la aplicación.**

Conclusión

Esta autoevaluación te ayuda a reforzar lo aprendido sobre el manejo de **clases y estilos en Svelte**. Si has tenido dificultades con alguna pregunta, revisa el capítulo correspondiente y experimenta con código en tu propio entorno.

👉 **¡Sigue avanzando! En el próximo capítulo, aprenderemos sobre el enrutamiento en Svelte con SvelteKit.**

Parte 2: Componentización y Manejo del Estado

5. *Creación y uso de componentes en Svelte*

Svelte se basa en **componentes reutilizables** que encapsulan lógica, estructura y estilos en un solo archivo. A diferencia de otros frameworks como React o Vue, los componentes en Svelte son más simples y eficientes porque **no requieren un Virtual DOM ni un runtime adicional**.

En este capítulo, aprenderemos a:
- ✔ Crear componentes en Svelte.
- ✔ Pasar y recibir datos mediante `props`.
- ✔ Manejar eventos entre componentes.
- ✔ Componer aplicaciones con componentes anidados.

1. ¿Qué es un componente en Svelte?

Un **componente en Svelte** es un archivo `.svelte` que combina **HTML, CSS y JavaScript** en un solo lugar.

Ejemplo básico de un **componente funcional** (`Saludo.svelte`):

```
<script>
  export let nombre = "Mundo"; // Propiedad (prop)
</script>

<h1>Hola, {nombre}!</h1>

<style>
  h1 {
    color: blue;
  }
</style>
```

📌 **Explicación:**

✔ `<script>` → Define las variables y la lógica del componente.

✔ `<h1>{nombre}</h1>` → Muestra el valor de la variable `nombre`.

✔ `<style>` → Contiene estilos locales solo para este componente.

2. Crear y usar un componente en otro archivo

Una aplicación en Svelte suele estar compuesta por **varios componentes reutilizables**. Para usar un componente en otro, simplemente lo importamos y lo utilizamos en la plantilla.

Paso 1: Crear el componente hijo (`Saludo.svelte`)

```
<script>
  export let nombre = "Mundo";
</script>

<h1>Hola, {nombre}!</h1>
```

📌 **La variable `nombre` se define con `export let` para que pueda recibir valores desde el componente padre.**

Paso 2: Usar el componente en el archivo principal (`App.svelte`)

```
<script>
  import Saludo from "./Saludo.svelte"; // Importamos el componente
</script>

<Saludo nombre="Carlos" />
<Saludo nombre="María" />
<Saludo nombre="Svelte" />
```

📌 **Cada instancia del componente** `Saludo` **recibe un valor diferente para** `nombre`.

✔ **No es necesario usar** `props` **como en React o** `props: {}` **como en Vue.**

3. Comunicación entre componentes (Props)

Los componentes en Svelte pueden **recibir datos desde el padre** mediante `export let`.

Ejemplo:

📌 **Componente hijo (** `Producto.svelte` **)**

```
<script>
  export let nombre;
  export let precio;
</script>

<p>{nombre} cuesta ${precio}</p>
```

📌 **Componente padre (** `App.svelte` **)**

```
<script>
  import Producto from "./Producto.svelte";
</script>

<Producto nombre="Laptop" precio={1200} />
<Producto nombre="Teléfono" precio={800} />
```

📌 **Las variables** `nombre` **y** `precio` **son recibidas por el componente hijo.**

✔ **Más simple que** props **en React y** defineProps **en Vue.**

4. Comunicación de hijo a padre con eventos (`dispatch`)

A veces, un componente hijo necesita **enviar información al componente padre**. Para esto, usamos `createEventDispatcher`.

Ejemplo: Un botón en un componente hijo que notifica al padre cuando se presiona

📌 **Componente hijo (** `Boton.svelte` **)**

```
<script>
  import { createEventDispatcher } from "svelte";

  const dispatch = createEventDispatcher();

  function hacerClick() {
    dispatch("clicado", { mensaje: "El botón fue presionado!" });
  }
</script>

<button on:click={hacerClick}>Haz clic</button>
```

📌 **Componente padre (** `App.svelte` **)**

```
<script>
  import Boton from "./Boton.svelte";

  function manejarEvento(evento) {
    alert(evento.detail.mensaje);
  }
</script>

<Boton on:clicado={manejarEvento} />
```

📌 **Cuando el usuario hace clic en el botón, se envía un evento al componente padre con un mensaje adjunto.**

✔ **Alternativa ligera y eficiente a** emit **en Vue o** useState + callbacks **en React.**

5. Pasar contenido entre componentes con `slot`

A veces queremos **personalizar el contenido dentro de un componente**. Para esto, Svelte tiene la directiva `<slot>`.

📌 **Componente base (`Tarjeta.svelte`)**

```
<div class="tarjeta">
  <slot></slot>
</div>

<style>
  .tarjeta {
    border: 1px solid gray;
    padding: 10px;
    border-radius: 5px;
  }
</style>
```

📌 **Componente padre (`App.svelte`)**

```
<script>
  import Tarjeta from "./Tarjeta.svelte";
</script>

<Tarjeta>
  <h2>Título de la tarjeta</h2>
  <p>Este es un contenido personalizado dentro del componente.</p>
</Tarjeta>
```

📌 **El contenido dentro de `<Tarjeta>` se inserta en el `<slot>`.**

✔️ **Útil para componentes reutilizables como tarjetas, modales y layouts.**

---

6. Uso de múltiples `slot` para contenido estructurado

Podemos definir múltiples `<slot>` con nombres específicos para estructurar componentes flexibles.

📌 **Componente (`Tarjeta.svelte`)**

```
<div class="tarjeta">
  <header><slot name="titulo"></slot></header>
  <main><slot></slot></main>
  <footer><slot name="pie"></slot></footer>
</div>
```

📌 **Uso del componente (`App.svelte`)**

```
<Tarjeta>
  <h2 slot="titulo">Encabezado</h2>
  <p>Contenido principal de la tarjeta.</p>
  <p slot="pie">Pie de página</p>
</Tarjeta>
```

📌 **Cada `slot` recibe contenido personalizado según su nombre.**

✔ **Similar a los slots en Vue, pero más intuitivo que los `children` en React.**

7. Composición de componentes para estructurar la aplicación

En Svelte, podemos combinar múltiples componentes para estructurar la aplicación de manera modular.

📌 **Ejemplo de una estructura de aplicación con componentes:**

```
src/
|— App.svelte        (Componente principal)
|— Header.svelte     (Encabezado)
|— Footer.svelte     (Pie de página)
|— Contenido.svelte  (Sección principal)
```

📌 **`Header.svelte` (Encabezado)**

```
<header>
  <h1>Mi Aplicación</h1>
</header>
```

📌 **`Footer.svelte` (Pie de página)**

```
<footer>
  <p>© 2025 - Todos los derechos reservados</p>
</footer>
```

📌 Contenido.svelte **(Cuerpo principal)**

```
<section>
  <p>Bienvenido a nuestra aplicación.</p>
</section>
```

📌 App.svelte **(Componente principal que usa todos los anteriores)**

```
<script>
  import Header from "./Header.svelte";
  import Contenido from "./Contenido.svelte";
  import Footer from "./Footer.svelte";
</script>

<Header />
<Contenido />
<Footer />
```

📌 **Cada componente se importa y organiza para estructurar la aplicación de forma modular.**

✔ **Permite construir aplicaciones escalables y mantenibles.**

Conclusión

✔ **Svelte permite crear componentes con una sintaxis clara y sin boilerplate innecesario.**
✔ **Las** props **(** export let **) permiten enviar datos a los componentes hijos de forma sencilla.**
✔ dispatch **facilita la comunicación de hijo a padre sin necesidad de Redux o Context API.**
✔ **Los** slot **permiten crear componentes altamente reutilizables y personalizables.**
✔ **Podemos estructurar aplicaciones con múltiples componentes sin sobrecarga de código.**

👉 **En el siguiente capítulo, exploraremos cómo manejar el estado global en Svelte usando Stores.** 🚀

Creación de Componentes en Svelte

Svelte se basa en **componentes reutilizables** que encapsulan **estructura (HTML), lógica (JavaScript) y estilos (CSS)** en un solo archivo `.svelte`. Esta arquitectura modular permite construir aplicaciones escalables y fáciles de mantener sin la sobrecarga de un Virtual DOM.

En este capítulo, exploraremos:
- ✔ Cómo crear un componente en Svelte.
- ✔ Cómo pasar datos entre componentes con `export let`.
- ✔ Cómo manejar eventos y comunicación entre componentes.
- ✔ Cómo reutilizar y anidar componentes en una aplicación.

1. ¿Qué es un componente en Svelte?

Un **componente en Svelte** es un archivo `.svelte` que contiene:

- **Lógica** en la etiqueta `<script>`.

- **Estructura** en la parte HTML.

- **Estilos** encapsulados en `<style>`.

Ejemplo básico de componente (`Saludo.svelte`)

```
<script>
  export let nombre = "Mundo"; // Propiedad (prop) con valor
predeterminado
</script>


<h1>Hola, {nombre}!</h1>


<style>
  h1 {
    color: blue;
  }
</style>
```

📌 Explicación:

✔ `export let nombre;` → Define una **propiedad (prop)** para recibir datos externos.

✔ `{nombre}` → Inserta el valor de la variable en la interfaz.

✔ `<style>` → Define estilos **locales** que solo afectan este componente.

2. Crear y usar un componente en otro archivo

Para usar un componente en otro archivo, primero **lo importamos** y luego **lo usamos en la plantilla**.

Paso 1: Crear el componente (`Saludo.svelte`)

```
<script>
  export let nombre = "Mundo";
</script>

<h1>Hola, {nombre}!</h1>
```

Paso 2: Usarlo en el componente principal (`App.svelte`)

```
<script>
  import Saludo from "./Saludo.svelte"; // Importamos el componente
</script>

<Saludo nombre="Carlos" />
<Saludo nombre="María" />
<Saludo nombre="Svelte" />
```

📌 Cada instancia de `Saludo` recibe un valor distinto para `nombre` y se renderiza con contenido único.

✔ Más sencillo y directo que `props` en React o `defineProps` en Vue.

3. Comunicación entre componentes (Props)

Los componentes pueden recibir datos **mediante `export let`**, lo que permite personalizar su comportamiento.

📌 **Ejemplo de un componente que recibe datos** (`Producto.svelte`)

```
<script>
  export let nombre;
  export let precio;
</script>

<p>{nombre} cuesta ${precio}</p>
```

📌 **Uso en `App.svelte`**

```
<script>
  import Producto from "./Producto.svelte";
</script>

<Producto nombre="Laptop" precio={1200} />
<Producto nombre="Teléfono" precio={800} />
```

📌 **Cada `Producto` muestra información diferente.**

✔️ **Similar a `props` en React y Vue, pero sin necesidad de interfaces adicionales.**

4. Comunicación de hijo a padre con eventos (`dispatch`)

Si un **componente hijo** necesita enviar datos al **componente padre**, usamos `createEventDispatcher`.

📌 **Ejemplo: Un botón que envía un evento al padre cuando se presiona.**

📌 **Componente hijo** (`Boton.svelte`)

```
<script>
  import { createEventDispatcher } from "svelte";

  const dispatch = createEventDispatcher();

  function hacerClick() {
    dispatch("clicado", { mensaje: "El botón fue presionado!" });
  }
</script>

<button on:click={hacerClick}>Haz clic</button>
```

📌 **Componente padre (`App.svelte`)**

```
<script>
  import Boton from "./Boton.svelte";

  function manejarEvento(evento) {
    alert(evento.detail.mensaje);
  }
</script>

<Boton on:clicado={manejarEvento} />
```

📌 **Cuando el usuario hace clic, el hijo envía un evento que el padre recibe y maneja.**

✔️ **Alternativa eficiente a `emit` en Vue o `useState` + `callbacks` en React.**

5. Uso de `slot` para contenido dinámico en componentes

Los `slot` permiten insertar contenido personalizado dentro de un componente.

📌 **Ejemplo de un componente con `slot` (`Tarjeta.svelte`)**

```svelte
<div class="tarjeta">
  <slot></slot> <!-- Aquí se insertará contenido dinámico -->
</div>

<style>
  .tarjeta {
    border: 1px solid gray;
    padding: 10px;
    border-radius: 5px;
  }
</style>
```

📌 **Uso en** `App.svelte`

```svelte
<script>
  import Tarjeta from "./Tarjeta.svelte";
</script>

<Tarjeta>
  <h2>Título de la tarjeta</h2>
  <p>Este es un contenido dinámico dentro de la tarjeta.</p>
</Tarjeta>
```

📌 **El contenido dentro de** `<Tarjeta>` **se inserta en el** `<slot>`.

✔ **Útil para componentes reutilizables como tarjetas, modales y layouts.**

6. Estructurar una aplicación con múltiples componentes

En Svelte, podemos organizar la aplicación dividiéndola en múltiples componentes.

📌 **Ejemplo de estructura de una aplicación:**

```
src/
|— App.svelte       (Componente principal)
|— Header.svelte    (Encabezado)
|— Footer.svelte    (Pie de página)
|— Contenido.svelte (Cuerpo principal)
```

📌 `Header.svelte` **(Encabezado)**

```
<header>
  <h1>Mi Aplicación</h1>
</header>
```

📌 Footer.svelte **(Pie de página)**

```
<footer>
  <p>© 2025 - Todos los derechos reservados</p>
</footer>
```

📌 Contenido.svelte **(Sección principal)**

```
<section>
  <p>Bienvenido a nuestra aplicación.</p>
</section>
```

📌 App.svelte **(Componente principal que usa todos los anteriores)**

```
<script>
  import Header from "./Header.svelte";
  import Contenido from "./Contenido.svelte";
  import Footer from "./Footer.svelte";
</script>

<Header />
<Contenido />
<Footer />
```

📌 **Cada componente se importa y organiza para estructurar la aplicación de forma modular.**

✔ **Permite construir aplicaciones escalables y mantenibles sin sobrecarga de código.**

Conclusión

✔ **Svelte permite crear componentes de manera simple y eficiente, sin boilerplate innecesario.**
✔ **Los** `props` (`export let`) **facilitan el envío de datos entre componentes.**
✔ **Los eventos con** `dispatch` **permiten comunicación de hijo a padre sin necesidad de Redux o Context API.**

✔ Los `slot` permiten insertar contenido dinámico dentro de un componente.

✔ Dividir la aplicación en múltiples componentes mejora la organización y escalabilidad.

👉 En el siguiente capítulo, exploraremos cómo manejar el estado global en Svelte usando Stores. 🚀

Comunicación entre Componentes en Svelte

En aplicaciones modernas, los componentes necesitan **compartir información entre sí** para mantener la coherencia en la interfaz de usuario. Svelte ofrece varias formas eficientes y directas de comunicación entre componentes sin necesidad de herramientas complejas como Redux o Context API.

En este capítulo, aprenderemos a:

✔ **Enviar datos de un componente padre a un componente hijo** con `export let`.

✔ **Enviar eventos desde un componente hijo al padre** con `createEventDispatcher`.

✔ **Compartir datos entre múltiples componentes** con Stores de Svelte.

1. Comunicación de Padre a Hijo con Props (`export let`)

Un componente padre puede **enviar datos** a un componente hijo utilizando `export let`.

📌 **Ejemplo: Un componente padre envía datos al hijo** (`Saludo.svelte`)

```
<script>
  export let nombre; // Recibe el valor desde el padre
</script>

<h1>Hola, {nombre}!</h1>
```

📌 **Uso del componente en el padre** (`App.svelte`)

```
<script>
  import Saludo from "./Saludo.svelte";
</script>

<Saludo nombre="Carlos" />
<Saludo nombre="María" />
```

📌 **Cada instancia del componente** `Saludo` **recibe un nombre diferente.**

✔️ **Similar a** `props` **en React y** `defineProps` **en Vue, pero sin configuración extra.**

2. Comunicación de Hijo a Padre con Eventos (`createEventDispatcher`)

A veces, un componente hijo necesita **notificar** al componente padre sobre cambios o interacciones del usuario. Para esto, Svelte usa `createEventDispatcher`.

📌 **Ejemplo: Un botón en el hijo envía un evento al padre cuando se presiona**

📌 **Componente hijo (** `Boton.svelte` **)**

```
<script>
  import { createEventDispatcher } from "svelte";

  const dispatch = createEventDispatcher();

  function hacerClick() {
    dispatch("clicado", { mensaje: "El botón fue presionado!" });
  }
</script>

<button on:click={hacerClick}>Haz clic</button>
```

📌 **Componente padre (** `App.svelte` **)**

```
<script>
  import Boton from "./Boton.svelte";

  function manejarEvento(evento) {
    alert(evento.detail.mensaje);
  }
</script>

<Boton on:clicado={manejarEvento} />
```

📌 **Cuando el usuario hace clic en el botón, el hijo envía un evento que el padre recibe y maneja.**

✔️ **Más simple que `emit` en Vue o `useState` + `callbacks` en React.**

3. Comunicación entre Hermanos con un Store de Svelte

Cuando dos componentes hermanos necesitan compartir información sin estar directamente conectados, podemos usar **un Store de Svelte**.

📌 **Ejemplo: Dos componentes comparten datos a través de un Store**

📌 **Paso 1: Crear un Store (`store.js`)**

```
import { writable } from "svelte/store";

export const contador = writable(0); // Estado global
```

📌 **Paso 2: Un componente modifica el Store (`Incrementar.svelte`)**

```
<script>
  import { contador } from "./store.js";
</script>

<button on:click={() => contador.update(n => n + 1)}>Sumar 1</button>
```

📌 **Paso 3: Otro componente muestra el valor (`Mostrar.svelte`)**

```
<script>
  import { contador } from "./store.js";
</script>

<p>Valor del contador: {$contador}</p>
```

📌 **Paso 4: Usar ambos componentes en `App.svelte`**

```
<script>
  import Incrementar from "./Incrementar.svelte";
  import Mostrar from "./Mostrar.svelte";
</script>

<Incrementar />
<Mostrar />
```

📌 **El componente `Incrementar` modifica el Store y `Mostrar` lo actualiza automáticamente.**

✔️ **Svelte Stores permiten compartir datos entre múltiples componentes sin necesidad de `useContext` o Redux.**

4. Comunicación usando `bind:` para compartir datos en tiempo real

Svelte permite **vincular datos directamente** entre componentes con `bind:`.

📌 **Ejemplo: Un `input` en el hijo actualiza una variable en el padre automáticamente**

📌 **Componente hijo (`Formulario.svelte`)**

```
<script>
  export let nombre;
</script>

<input type="text" bind:value={nombre}>
```

📌 **Componente padre (`App.svelte`)**

```
<script>
  import Formulario from "./Formulario.svelte";
  let nombreUsuario = "Carlos";
</script>


<Formulario bind:nombre={nombreUsuario} />
<p>Nombre ingresado: {nombreUsuario}</p>
```

📌 **Cada vez que el usuario escribe en el** `input`, `nombreUsuario` **se actualiza en el padre.**

✔ **No necesita** `onChange` **como en React o** `v-model` **como en Vue.**

5. Comunicación mediante Context API de Svelte

Cuando varios componentes anidados necesitan compartir datos, podemos usar `setContext` y `getContext`.

📌 **Ejemplo: Un tema de color compartido en toda la aplicación**

📌 **Paso 1: Definir el contexto en un componente raíz (** `App.svelte` **)**

```
<script>
  import { setContext } from "svelte";

  setContext("color", "blue");
</script>


<slot></slot>
```

📌 **Paso 2: Acceder al contexto en un componente hijo (** `Boton.svelte` **)**

```
<script>
  import { getContext } from "svelte";

  const color = getContext("color");
</script>


<button style="background-color: {color};">Botón con color
global</button>
```

📌 Todos los componentes dentro de `App.svelte` podrán acceder al contexto `color`.

✔ Útil para temas globales, autenticación y configuraciones compartidas.

Resumen de Métodos de Comunicación en Svelte

Método	Uso Principal	Ejemplo
`export let` (Props)	Pasar datos de padre a hijo	`<Componente dato="Valor" />`
`createEventDispatcher()`	Enviar eventos de hijo a padre	`dispatch("evento", {dato})`
`Stores (writable())`	Compartir datos entre componentes sin relación	`contador = writable(0)`
`bind:value`	Sincronizar datos entre padre e hijo en tiempo real	`bind:value= {variable}`
Context API (`setContext/getContext`)	Compartir datos globales en componentes anidados	`setContext("clave", valor)`

Conclusión

✔ Svelte simplifica la comunicación entre componentes sin necesidad de herramientas externas.

✔ `export let` permite enviar datos de padre a hijo de forma sencilla.

✔ `createEventDispatcher` permite que un hijo envíe eventos al padre.

✔ Los Stores (`writable()`) facilitan la comunicación entre múltiples componentes sin necesidad de Redux.

✔ `bind:value` permite sincronizar datos automáticamente entre componentes.

✔ **Context API (** `setContext/getContext` **) permite compartir información global en una jerarquía de componentes.**

👆 **En el siguiente capítulo, exploraremos el manejo del estado en Svelte usando Stores avanzados.** 🚀

Slots y Componentes Reutilizables en Svelte

En el desarrollo de aplicaciones web, es esencial construir **componentes reutilizables** que puedan adaptarse a diferentes contextos. **Svelte permite personalizar componentes usando** `slot` , una poderosa herramienta para insertar contenido dinámico dentro de un componente sin necesidad de definir múltiples `props` .

En este capítulo, aprenderemos a:
- ✔ Crear componentes reutilizables con `slot` .
- ✔ Usar **slots múltiples y con nombre** para mayor flexibilidad.
- ✔ Personalizar la estructura de un componente con `fallback` .

1. ¿Qué es un Slot en Svelte?

Un `slot` es un marcador de posición dentro de un componente que permite que otros componentes **inyecten contenido personalizado**.

📌 **Ejemplo: Un componente** `Tarjeta.svelte` **con un** `slot` **genérico**

```
<div class="tarjeta">
  <slot></slot> <!-- Contenido dinámico aquí -->
</div>

<style>
  .tarjeta {
    border: 1px solid gray;
    padding: 10px;
    border-radius: 5px;
    background-color: white;
  }
</style>
```

📌 **Uso en** `App.svelte`

```
<script>
  import Tarjeta from "./Tarjeta.svelte";
</script>

<Tarjeta>
  <h2>Encabezado de la Tarjeta</h2>
  <p>Este es un contenido dinámico dentro de la tarjeta.</p>
</Tarjeta>
```

📌 **El contenido entre** `<Tarjeta>...</Tarjeta>` **se inserta dentro del** `<slot>`.

✔️ **Permite crear componentes reutilizables sin necesidad de múltiples** `props`.

2. Slots con contenido por defecto (Fallback Slots)

Si un componente no recibe contenido dentro del `slot`, podemos definir un contenido por defecto.

📌 **Ejemplo con contenido predeterminado (** `Boton.svelte` **)**

```
<button class="btn">
  <slot>Haz clic aquí</slot> <!-- Texto predeterminado -->
</button>

<style>
  .btn {
    background-color: blue;
    color: white;
    padding: 10px;
    border: none;
    cursor: pointer;
  }
</style>
```

📌 **Uso en** `App.svelte`

```
<script>
  import Boton from "./Boton.svelte";
</script>


<Boton>Comprar Ahora</Boton>
<Boton /> <!-- Usará el texto por defecto -->
```

📌 **El primer botón mostrará "Comprar Ahora", mientras que el segundo mostrará "Haz clic aquí".**

✔️ **Útil para crear componentes flexibles sin requerir props adicionales.**

3. Múltiples Slots con Nombres (slot="nombre")

Cuando un componente tiene varias secciones que deben personalizarse, podemos usar **slots con nombres** (slot="nombre") para controlar dónde se inserta cada contenido.

📌 **Ejemplo: Un componente Tarjeta.svelte con encabezado, contenido y pie de página personalizables**

```
<div class="tarjeta">
  <header><slot name="encabezado"></slot></header>
  <main><slot></slot></main> <!-- Slot principal -->
  <footer><slot name="pie"></slot></footer>
</div>

<style>
  .tarjeta {
    border: 1px solid gray;
    padding: 15px;
    border-radius: 8px;
    background-color: white;
  }
  header {
    font-weight: bold;
    font-size: 1.2em;
  }
  footer {
    color: gray;
    font-size: 0.9em;
  }
```

```
  </style>
```

```
<Tarjeta>
  <h2 slot="encabezado">Título de la Tarjeta</h2>
  <p>Contenido principal de la tarjeta.</p>
  <p slot="pie">Pie de la tarjeta</p>
</Tarjeta>
```

📌 **El contenido se inyectará en los slots correctos según su nombre.**

✔ **Ideal para componentes con múltiples secciones configurables.**

4. Slots Dinámicos con Estructuras Condicionales

Podemos combinar **slots con condicionales ({#if})** para cambiar la estructura de un componente dinámicamente.

📌 **Ejemplo: Un** `Modal.svelte` **con contenido condicional**

```
<script>
  export let abierto = false;
</script>

{#if abierto}
  <div class="modal">
    <div class="contenido">
      <slot></slot> <!-- Contenido dinámico -->
      <button on:click={() => abierto = false}>Cerrar</button>
    </div>
  </div>
{/if}

<style>
  .modal {
    position: fixed;
    top: 0;
    left: 0;
    width: 100%;
    height: 100%;
    background: rgba(0, 0, 0, 0.5);
```

```
    display: flex;
    justify-content: center;
    align-items: center;
  }
  .contenido {
    background: white;
    padding: 20px;
    border-radius: 8px;
  }
</style>
```

📌 **Uso en** `App.svelte`

```svelte
<script>
  import Modal from "./Modal.svelte";
  let mostrar = false;
</script>

<button on:click={() => mostrar = true}>Abrir Modal</button>

<Modal abierto={mostrar}>
  <h2>¡Hola!</h2>
  <p>Esto es un mensaje dentro del modal.</p>
</Modal>
```

📌 **El modal solo se muestra si** `abierto` **es** `true`.

✔️ **Los slots permiten personalizar el contenido sin modificar el componente base.**

5. Reutilización de Componentes con Configuraciones Múltiples

Cuando un componente tiene múltiples variaciones, podemos usar **props (export let) combinadas con slots** para hacerlo más flexible.

📌 **Ejemplo: Un** `Boton.svelte` **reutilizable con diferentes estilos**

```
<script>
  export let tipo = "primario"; // "primario", "secundario",
"peligro"
</script>

<button class={tipo}>
  <slot></slot> <!-- Texto personalizado -->
</button>

<style>
  .primario { background: blue; color: white; }
  .secundario { background: gray; color: white; }
  .peligro { background: red; color: white; }
</style>
```

📌 **Uso en** `App.svelte`

```
<Boton tipo="primario">Guardar</Boton>
<Boton tipo="secundario">Cancelar</Boton>
<Boton tipo="peligro">Eliminar</Boton>
```

📌 **Cada botón tendrá un estilo diferente basado en su** `tipo`.

✔️ **Mejor práctica para componentes reutilizables y configurables.**

6. Beneficios de Usar Slots en Componentes Reutilizables

⬛ **Mayor reutilización** → Un mismo componente puede adaptarse a múltiples escenarios.

⬛ **Menos** `props` **innecesarias** → Se evita pasar demasiados datos, usando `slot` para personalizar contenido.

⬛ **Flexibilidad total** → Se pueden crear estructuras dinámicas sin afectar la lógica del componente base.

⬛ **Código más limpio** → Se evita la sobrecarga de condicionales dentro de los componentes.

Conclusión

✔️ Los `slot` permiten insertar contenido dinámico en un componente sin modificar su estructura.

✔️ Podemos definir contenido predeterminado (`fallback`) si no se proporciona un `slot`.

✔️ Los `slot` con nombre (`slot="nombre"`) permiten distribuir contenido en diferentes secciones.

✔️ Se pueden combinar `slot` con `if` para renderizado dinámico.

✔️ La combinación de `slot` con `export let` permite crear componentes altamente reutilizables y flexibles.

👉 En el siguiente capítulo, aprenderemos sobre Stores en Svelte para manejar el estado global de la aplicación. 🚀

6. Manejo del Estado Local en Svelte

El manejo del estado en Svelte es **reactivo por naturaleza**, lo que significa que cualquier cambio en una variable automáticamente actualiza la UI sin necesidad de herramientas externas como `useState` en React o `data` en Vue.

En este capítulo, exploraremos:
✔️ **Variables reactivas** en Svelte y cómo funcionan.
✔️ **Ciclo de vida de los componentes**, incluyendo hooks como `onMount` y `onDestroy`.

1. Variables Reactivas en Svelte

Las variables en Svelte **son reactivas por defecto**, lo que significa que cualquier cambio en su valor actualiza automáticamente la interfaz de usuario.

📌 **Ejemplo: Contador simple con reactividad**

```
<script>
  let contador = 0;
</script>

<h1>Contador: {contador}</h1>
<button on:click={() => contador++}>Incrementar</button>
```

📌 Cada vez que se hace clic en el botón, `contador` se actualiza automáticamente en la UI.

✔ No se necesita `useState()` (React) ni `data()` (Vue).

2. Variables Reactivas con `$:`

Si una variable depende de otra, podemos usar `$:` para actualizar su valor automáticamente cuando cambien sus dependencias.

📌 **Ejemplo: Calcular el precio total con IVA automáticamente**

```
<script>
  let precio = 100;
  let iva = 0.21;

  $: total = precio * (1 + iva);
</script>

<p>Precio base: ${precio}</p>
<p>IVA: {iva * 100}%</p>
<p><strong>Total: ${total}</strong></p>

<button on:click={() => precio += 10}>Aumentar precio</button>
```

📌 Cada vez que `precio` cambia, `total` se recalcula automáticamente.

✔ **Svelte maneja la reactividad sin necesidad de** `computed()` (Vue) o `useEffect()` (React).

3. Reactividad en Bloques de Código (`$:`)

También podemos ejecutar código cuando una variable cambia usando `$:` **en bloques de código**.

📌 **Ejemplo: Detectar cuando un valor supera un umbral**

```
<script>
  let contador = 0;

  $: {
    if (contador >= 10) {
      console.log("El contador ha alcanzado 10");
    }
  }
</script>

<button on:click={() => contador++}>Incrementar</button>
```

📌 Cada vez que contador llegue a 10 o más, se imprimirá un mensaje en la
consola.

✔ Svelte optimiza la ejecución del código para que solo se ejecute cuando sea
necesario.

4. Ciclo de Vida de los Componentes en Svelte

Svelte proporciona **hooks del ciclo de vida** para ejecutar código en momentos clave
del ciclo de vida de un componente.

Hook	Cuándo se ejecuta	Ejemplo de uso
onMount()	Cuando el componente se monta en la UI.	Hacer una petición a una API.
beforeUpdate()	Antes de que el DOM se actualice.	Ver cambios en variables reactivas.
afterUpdate()	Después de que el DOM se actualice.	Ejecutar código basado en los cambios en la UI.
onDestroy()	Antes de que el componente se elimine.	Limpiar eventos o desconectar APIs.

5. onMount() : Ejecutar código al montar un componente

Si necesitamos ejecutar código **después de que el componente ha sido montado**, usamos onMount().

📌 **Ejemplo: Obtener datos de una API al montar el componente**

```
<script>
  import { onMount } from "svelte";

  let datos = [];

  onMount(async () => {
    const res = await
fetch("https://jsonplaceholder.typicode.com/users");
    datos = await res.json();
  });
</script>

<ul>
  {#each datos as usuario}
    <li>{usuario.name}</li>
  {/each}
</ul>
```

📌 **Se hace una petición a la API cuando el componente se monta.**

✔ onMount() **es equivalente a** useEffect(() => {}, []) **en React.**

---

6. beforeUpdate() y afterUpdate() : Manejar actualizaciones

📌 **Ejemplo: Registrar cambios en una variable con** beforeUpdate() **y** afterUpdate()

```
<script>
  import { beforeUpdate, afterUpdate } from "svelte";

  let contador = 0;

  beforeUpdate(() => {
    console.log("El contador va a cambiar...");
```

```
  });

  afterUpdate(() => {
    console.log("El contador cambió a", contador);
  });
</script>

<button on:click={() => contador++}>Incrementar</button>
```

📌 **Antes de actualizarse, se imprime un mensaje, y después de actualizarse, se muestra el nuevo valor.**

✔️ **Útil para depuración y seguimiento de cambios en la UI.**

7. onDestroy(): Limpiar recursos antes de desmontar el componente

Si un componente crea eventos o suscripciones, debemos limpiarlas con onDestroy() para evitar fugas de memoria.

📌 **Ejemplo: Detener un temporizador cuando el componente se elimina**

```
<script>
  import { onDestroy } from "svelte";

  let segundos = 0;
  const intervalo = setInterval(() => {
    segundos++;
  }, 1000);

  onDestroy(() => {
    clearInterval(intervalo);
    console.log("Temporizador detenido");
  });
</script>

<p>Tiempo transcurrido: {segundos} segundos</p>
```

📌 **Cuando el componente se elimina, el temporizador se limpia automáticamente.**

✔️ **Evita que las funciones sigan ejecutándose en segundo plano.**

8. Estado Reactivo con `bind:` para Inputs y Elementos HTML

Podemos **vincular variables directamente a elementos HTML** con `bind:` para sincronizar datos automáticamente.

📌 **Ejemplo: Vincular un input con `bind:value`**

```
<script>
  let nombre = "Juan";
</script>

<input type="text" bind:value={nombre}>
<p>Tu nombre es: {nombre}</p>
```

📌 **Cada vez que el usuario escribe en el input, `nombre` se actualiza automáticamente.**

✔️ **Más simple que `onChange()` en React o `v-model` en Vue.**

Conclusión

✔️ **Svelte gestiona el estado local de forma automática sin `setState()`.**
✔️ **Las variables reactivas actualizan la UI sin necesidad de código extra.**
✔️ **`$:` permite crear variables derivadas y ejecutar código reactivo.**
✔️ **Los hooks del ciclo de vida (`onMount`, `onDestroy`, etc.) permiten controlar el flujo del componente.**
✔️ **`bind:` facilita la sincronización entre variables y elementos HTML.**

👉 **En el siguiente capítulo, aprenderemos a manejar el estado global con Stores en Svelte.** 🚀

7. Stores en Svelte: Manejo de Estado Global

En Svelte, los **Stores** permiten compartir datos **entre múltiples componentes** sin necesidad de pasar props o eventos manualmente. Los Stores facilitan el manejo del estado global de una aplicación, evitando soluciones más complejas como Redux o Context API.

En este capítulo, aprenderemos:

✔ **Tipos de Stores** en Svelte: `writable`, `readable`, `derived`.

✔ **Cómo usar Stores en componentes**.

✔ **Técnicas avanzadas de Stores** para mejorar el rendimiento.

1. ¿Qué es un Store en Svelte?

Un **Store** en Svelte es una **fuente de datos reactiva y centralizada**. Cuando un Store cambia, todos los componentes que lo usan **se actualizan automáticamente**.

📌 **Ejemplo de un Store simple (** `store.js` **)**

```js
import { writable } from "svelte/store";

export const contador = writable(0); // Store reactivo
```

📌 **Uso en** `App.svelte`

```svelte
<script>
  import { contador } from "./store.js";
</script>

<p>Valor: {$contador}</p> <!-- Se suscribe automáticamente -->
<button on:click={() => contador.update(n => n +
1)}>Incrementar</button>
```

📌 **El Store** `contador` **almacena un valor global accesible desde cualquier componente.**

✔ **No requiere** `useState()` **(React) ni** `Vuex` **(Vue).**

2. Tipos de Stores en Svelte

Svelte proporciona **tres tipos de Stores**:

Tipo de Store	Descripción	Ejemplo de Uso
Writable (`writable`)	Puede ser actualizado por cualquier componente.	Estado de usuario, carrito de compras.

Tipo de Store	Descripción	Ejemplo de Uso
Readable (`readable`)	Solo puede ser leído, no modificado directamente.	Fechas, configuración global.
Derived (`derived`)	Depende de uno o más Stores.	Cálculo de precios, estado filtrado.

3. `writable()`: Creación de Stores Mutables

Los Stores `writable` permiten **leer y modificar datos** globalmente.

📌 **Ejemplo: Contador Global (`store.js`)**

```
import { writable } from "svelte/store";

export const contador = writable(0); // Store con valor inicial
```

📌 **Uso en `Contador.svelte`**

```
<script>
  import { contador } from "./store.js";
</script>

<p>Contador: {$contador}</p>
<button on:click={() => contador.update(n => n +
1)}>Incrementar</button>
```

📌 **Cuando `contador` cambia, todos los componentes que lo usan se actualizan automáticamente.**

✔️ **Svelte gestiona la reactividad sin necesidad de `useContext`.**

4. Métodos de `writable()` para modificar Stores

Los Stores `writable()` tienen tres métodos principales:

Método	Descripción	Ejemplo
`set(valor)`	Asigna un nuevo valor.	`contador.set(10)`
`update(fn)`	Modifica el valor actual.	`contador.update(n => n + 1)`
`subscribe(fn)`	Escucha cambios del Store.	`contador.subscribe(valor => console.log(valor))`

📌 **Ejemplo con** `set()` **y** `update()`

```
<button on:click={() => contador.set(0)}>Resetear</button>
<button on:click={() => contador.update(n => n + 2)}>Sumar 2</button>
```

📌 **Cada cambio en el Store se refleja automáticamente en todos los componentes.**

5. `readable()`: Stores de Solo Lectura

Los Stores `readable()` no pueden ser modificados directamente por los componentes. Se usan para **valores constantes o datos que se actualizan automáticamente**.

📌 **Ejemplo: Un Store de fecha actual (** `store.js` **)**

```
import { readable } from "svelte/store";

export const horaActual = readable(new Date(), set => {
  const intervalo = setInterval(() => {
    set(new Date()); // Actualiza la hora cada segundo
  }, 1000);

  return () => clearInterval(intervalo); // Limpia el intervalo al
destruirse
});
```

📌 **Uso en** `Reloj.svelte`

```
<script>
  import { horaActual } from "./store.js";
</script>

<p>Hora actual: {$horaActual.toLocaleTimeString()}</p>
```

📌 **El Store `horaActual` se actualiza cada segundo y los cambios se reflejan en la UI.**

✔️ **Ideal para datos constantes o que cambian en segundo plano.**

6. `derived()`: Stores Basados en Otros Stores

Los Stores `derived()` permiten crear **valores calculados automáticamente** basados en otros Stores.

📌 **Ejemplo: Cálculo de precio con IVA (`store.js`)**

```
import { writable, derived } from "svelte/store";

export const precioBase = writable(100);
export const iva = writable(0.21);

export const precioFinal = derived(
  [precioBase, iva],
  ([$precioBase, $iva]) => $precioBase * (1 + $iva)
);
```

📌 **Uso en `Precios.svelte`**

```
<script>
  import { precioBase, iva, precioFinal } from "./store.js";
</script>

<p>Precio Base: ${$precioBase}</p>
<p>IVA: {($iva * 100)}%</p>
<p><strong>Precio Final: ${$precioFinal}</strong></p>

<button on:click={() => precioBase.update(n => n + 10)}>Aumentar
Precio</button>
```

📌 Cuando `precioBase` o `iva` **cambian**, `precioFinal` **se actualiza automáticamente.**

✔ **Evita recomputar valores en cada renderizado.**

7. Uso Avanzado de Stores

7.1. Múltiples Suscriptores

Podemos suscribir múltiples componentes a un mismo Store.

📌 **Ejemplo: Varios componentes usan el mismo Store (** `Usuario.svelte` **y** `Perfil.svelte` **)**

📌 **Store (** `store.js` **)**

```
import { writable } from "svelte/store";

export const usuario = writable({ nombre: "Juan", edad: 25 });
```

📌 **Componente** `Usuario.svelte` **(Modifica el Store)**

```
<script>
  import { usuario } from "./store.js";
</script>

<button on:click={() => usuario.update(u => ({ ...u, edad: u.edad + 1
}))}>
  Aumentar Edad
</button>
```

📌 **Componente** `Perfil.svelte` **(Lee el Store)**

```
<script>
  import { usuario } from "./store.js";
</script>

<p>Nombre: {$usuario.nombre}</p>
<p>Edad: {$usuario.edad}</p>
```

📌 **Cuando** `Usuario.svelte` **modifica** `usuario`, `Perfil.svelte` **se actualiza automáticamente.**

✔ **Evita pasar** props **manualmente entre componentes.**

7.2. Stores Personalizados

Podemos crear **Stores personalizados** para encapsular lógica adicional.

📌 **Ejemplo: Un Store con métodos personalizados (** `contadorStore.js` **)**

```js
import { writable } from "svelte/store";

function crearContador() {
  const { subscribe, set, update } = writable(0);

  return {
    subscribe,
    incrementar: () => update(n => n + 1),
    resetear: () => set(0)
  };
}

export const contador = crearContador();
```

📌 **Uso en** `App.svelte`

```svelte
<script>
  import { contador } from "./contadorStore.js";
</script>

<p>Contador: {$contador}</p>
<button on:click={contador.incrementar}>Incrementar</button>
<button on:click={contador.resetear}>Resetear</button>
```

📌 **Encapsula la lógica del contador dentro del Store, mejorando la reutilización.**

✔ **Los Stores personalizados organizan mejor la lógica de la aplicación.**

Conclusión

✔ **Los Stores permiten manejar el estado global de forma eficiente y reactiva.**

✔ `writable()` **almacena valores que pueden ser modificados desde cualquier componente.**

✔ `readable()` **almacena datos de solo lectura, como fechas o configuración.**

✔ `derived()` **crea valores calculados automáticamente en base a otros Stores.**

✔ **Los Stores personalizados encapsulan lógica adicional, mejorando la reutilización.**

👉 **En el siguiente capítulo, aprenderemos sobre enrutamiento en Svelte con SvelteKit.** 🚀

8. Persistencia de Datos en Svelte

Las aplicaciones modernas necesitan **guardar datos de manera persistente**, incluso cuando el usuario recarga la página o cierra el navegador. Svelte facilita la persistencia de datos mediante **LocalStorage, SessionStorage y bases de datos locales**, asegurando que la información del usuario no se pierda.

En este capítulo, aprenderemos:

✔ **Cómo usar LocalStorage y SessionStorage** en Svelte.

✔ **Cómo integrar Svelte con bases de datos locales** como IndexedDB o SQLite.

✔ **Cómo combinar Stores con almacenamiento local** para hacer que los datos sean persistentes.

1. ¿Qué es la Persistencia de Datos?

La **persistencia de datos** significa que la información se guarda más allá del ciclo de vida de la aplicación. En Svelte, podemos lograr esto con diferentes métodos:

Método	Descripción	Duración	Ejemplo de Uso
LocalStorage	Guarda datos en el navegador.	Permanente	Preferencias del usuario, configuración.

Método	Descripción	Duración	Ejemplo de Uso
SessionStorage	Guarda datos hasta que se cierre la pestaña.	Solo sesión	Datos temporales de la sesión.
IndexedDB	Base de datos en el navegador.	Permanente	Almacenamiento avanzado de datos estructurados.
SQLite / PouchDB	Bases de datos locales.	Permanente	Apps sin conexión o con sincronización.

2. Uso de LocalStorage en Svelte

LocalStorage permite almacenar datos **clave-valor** de manera persistente en el navegador.

📌 **Ejemplo: Guardar y recuperar datos con LocalStorage en Svelte**

```
<script>
  let nombre = localStorage.getItem("nombre") || "";

  function guardarNombre() {
    localStorage.setItem("nombre", nombre);
  }
</script>

<input type="text" bind:value={nombre} placeholder="Ingresa tu nombre">
<button on:click={guardarNombre}>Guardar</button>
<p>Nombre guardado: {nombre}</p>
```

📌 **Cada vez que el usuario escriba su nombre y presione "Guardar", la información se almacenará en el navegador.**

✔ **Los datos persisten incluso si la página se recarga o el navegador se cierra.**

3. Sincronizar LocalStorage con Stores en Svelte

Podemos integrar **LocalStorage con Stores** para crear un estado global persistente.

📌 **Ejemplo: Crear un Store persistente (`store.js`)**

```js
import { writable } from "svelte/store";

function crearStorePersistente(clave, valorInicial) {
  let valorGuardado = localStorage.getItem(clave);
  const store = writable(valorGuardado ? JSON.parse(valorGuardado) :
valorInicial);

  store.subscribe(valor => {
    localStorage.setItem(clave, JSON.stringify(valor));
  });

  return store;
}

export const tema = crearStorePersistente("tema", "claro");
```

📌 **Uso en `App.svelte`**

```svelte
<script>
  import { tema } from "./store.js";
</script>

<select bind:value={$tema}>
  <option value="claro">Modo Claro</option>
  <option value="oscuro">Modo Oscuro</option>
</select>

<p>El tema seleccionado es: {$tema}</p>
```

📌 **Cada vez que el usuario cambie el tema, se guardará en LocalStorage automáticamente.**

✔ **Ideal para preferencias del usuario, como modo oscuro o idioma.**

4. Uso de SessionStorage en Svelte

SessionStorage es similar a LocalStorage, pero **los datos solo duran mientras la pestaña esté abierta**.

📌 **Ejemplo: Guardar y recuperar datos con SessionStorage**

```
<script>
  let sesion = sessionStorage.getItem("sesion") || "Invitado";

  function iniciarSesion() {
    sesion = "Usuario123";
    sessionStorage.setItem("sesion", sesion);
  }

  function cerrarSesion() {
    sessionStorage.removeItem("sesion");
    sesion = "Invitado";
  }
</script>

<p>Sesión actual: {sesion}</p>
<button on:click={iniciarSesion}>Iniciar Sesión</button>
<button on:click={cerrarSesion}>Cerrar Sesión</button>
```

📌 **El usuario se mantiene autenticado solo mientras la pestaña está abierta.**

✔️ **Útil para almacenar datos temporales de autenticación o formularios.**

5. Uso de IndexedDB en Svelte

IndexedDB es una **base de datos local avanzada** que permite almacenar grandes volúmenes de datos estructurados dentro del navegador.

📌 **Ejemplo: Guardar y recuperar datos con IndexedDB**

📌 **Instalar Dexie.js para manejar IndexedDB fácilmente**

```
npm install dexie
```

📌 **Configurar la base de datos (db.js)**

```
import Dexie from "dexie";

export const db = new Dexie("MiBaseDeDatos");
db.version(1).stores({
  usuarios: "++id, nombre, edad"
});
```

📌 **Guardar y recuperar datos en** `App.svelte`

```
<script>
  import { db } from "./db.js";
  let nombre = "";
  let edad = "";
  let usuarios = [];

  async function agregarUsuario() {
    await db.usuarios.add({ nombre, edad: parseInt(edad) });
    usuarios = await db.usuarios.toArray();
    nombre = "";
    edad = "";
  }

  async function cargarUsuarios() {
    usuarios = await db.usuarios.toArray();
  }

  cargarUsuarios();
</script>

<input type="text" bind:value={nombre} placeholder="Nombre">
<input type="number" bind:value={edad} placeholder="Edad">
<button on:click={agregarUsuario}>Agregar</button>

<ul>
  {#each usuarios as usuario}
    <li>{usuario.nombre} - {usuario.edad} años</li>
  {/each}
</ul>
```

📌 **Los datos se guardan en IndexedDB y persisten en el navegador.**

✔ **Ideal para aplicaciones que necesitan almacenamiento local estructurado.**

6. Integración con SQLite en Svelte

Si queremos **persistencia más avanzada**, podemos usar SQLite dentro de una aplicación Svelte.

📌 **Ejemplo con SQLite y WASM (sql.js)**

📌 **Instalar SQLite en el proyecto**

```
npm install sql.js
```

📌 **Configurar SQLite en** `db.js`

```
import initSqlJs from "sql.js";

export async function obtenerDB() {
  const SQL = await initSqlJs();
  const db = new SQL.Database();
  db.run("CREATE TABLE IF NOT EXISTS usuarios (id INTEGER PRIMARY
KEY, nombre TEXT, edad INTEGER)");
  return db;
}
```

📌 **Guardar y recuperar datos en** `App.svelte`

```
<script>
  import { obtenerDB } from "./db.js";
  let db;
  let usuarios = [];
  let nombre = "";
  let edad = "";

  async function cargarDB() {
    db = await obtenerDB();
    let result = db.exec("SELECT * FROM usuarios");
    usuarios = result.length ? result[0].values : [];
  }

  async function agregarUsuario() {
    db.run("INSERT INTO usuarios (nombre, edad) VALUES (?, ?)",
[nombre, parseInt(edad)]);
    cargarDB();
    nombre = "";
    edad = "";
  }
```

```
    cargarDB();
  </script>

  <input type="text" bind:value={nombre} placeholder="Nombre">
  <input type="number" bind:value={edad} placeholder="Edad">
  <button on:click={agregarUsuario}>Agregar</button>

  <ul>
    {#each usuarios as usuario}
      <li>{usuario[1]} - {usuario[2]} años</li>
    {/each}
  </ul>
```

📌 **SQLite almacena datos localmente y permite consultas estructuradas.**

✔ **Ideal para aplicaciones con datos complejos y offline-first.**

Conclusión

✔ **LocalStorage es ideal para guardar configuraciones y preferencias del usuario.**

✔ **SessionStorage se usa para datos temporales que desaparecen al cerrar la pestaña.**

✔ **IndexedDB permite almacenar grandes volúmenes de datos dentro del navegador.**

✔ **SQLite y WASM ofrecen persistencia avanzada para aplicaciones sin conexión.**

✔ **La combinación de Stores y almacenamiento local hace que los datos sean accesibles y persistentes.**

👉 **En el siguiente capítulo, exploraremos cómo manejar la autenticación en Svelte.** 🚀

Autoevaluación: Persistencia de Datos en Svelte

A continuación, encontrarás una autoevaluación para reforzar los conocimientos sobre **Persistencia de Datos en Svelte**.

- **50% preguntas de desarrollo (escritas)** → Responde con código o explicación.
- **50% preguntas de opción múltiple (multiple choice)** → Selecciona la opción correcta.

Parte 1: Preguntas de Desarrollo (Responde con código o explicación)

1. Explica la diferencia entre LocalStorage y SessionStorage.

Respuesta: *(Explicación detallada con ejemplos de cuándo usar cada uno).*

2. Escribe un código en Svelte que almacene y recupere una lista de tareas desde LocalStorage.

Respuesta: *(Código funcional en Svelte con* `writable()` *y* `localStorage`*).*

3. ¿Cómo integrar un Store de Svelte con LocalStorage para que los datos persistan? Escribe un código de ejemplo.

Respuesta: *(Código que combine* `writable()` *con* `localStorage`*).*

4. ¿Cuál es la ventaja de usar IndexedDB en comparación con LocalStorage? Explica con un ejemplo.

Respuesta: *(Explicación detallada con código si es necesario).*

5. Escribe un código en Svelte que almacene y recupere datos en IndexedDB utilizando Dexie.js.

Respuesta: *(Código funcional que guarde y recupere información de IndexedDB).*

Parte 2: Preguntas de Opción Múltiple

6. ¿Cuál de las siguientes afirmaciones sobre LocalStorage es correcta?

- a) Los datos se borran cuando el usuario cierra el navegador.
- b) Los datos permanecen almacenados hasta que el usuario los elimine manualmente o el sitio web los modifique.
- c) LocalStorage tiene una capacidad ilimitada.
- d) Los datos en LocalStorage solo pueden ser accedidos desde la misma pestaña del navegador.

Respuesta correcta: ▓

7. ¿Qué método de LocalStorage se usa para recuperar un valor almacenado?

- a) `localStorage.fetchItem(key)`
- b) `localStorage.getItem(key)`
- c) `localStorage.retrieve(key)`
- d) `localStorage.loadItem(key)`

Respuesta correcta: ▓

8. ¿Cuál es la principal diferencia entre IndexedDB y LocalStorage?

- a) IndexedDB almacena solo datos en texto, mientras que LocalStorage admite cualquier tipo de dato.
- b) IndexedDB permite almacenar datos estructurados y realizar consultas avanzadas, mientras que LocalStorage solo almacena datos en formato clave-valor.
- c) IndexedDB se borra automáticamente cada 24 horas, mientras que LocalStorage es permanente.
- d) LocalStorage tiene mayor capacidad de almacenamiento que IndexedDB.

Respuesta correcta: ▓

9. ¿Cómo asegurar que los datos de un Store en Svelte persistan en LocalStorage?

- a) Usando `store.sync(localStorage)`.
- b) Creando un `writable()` y sincronizándolo con `localStorage.setItem()`.
- c) Aplicando `store.cache()` en el Store.
- d) Configurando `store.persistent()` en el Store.

Respuesta correcta: ▓

10. ¿Qué característica hace que SQLite sea una mejor opción para bases de datos locales en comparación con LocalStorage?

- a) SQLite es más rápido que LocalStorage.
- b) SQLite permite almacenar datos en tablas estructuradas con relaciones, mientras que LocalStorage solo almacena pares clave-valor.
- c) LocalStorage tiene más seguridad que SQLite.
- d) SQLite solo funciona en navegadores móviles.

Respuesta correcta: ▓

Respuestas correctas de la autoevaluación

1. *(Desarrollo: Explicación de LocalStorage vs. SessionStorage)*

2. *(Desarrollo: Código de lista de tareas en LocalStorage)*

3. *(Desarrollo: Código de Store persistente con `writable()` y `localStorage`)*

4. *(Desarrollo: Explicación de IndexedDB y ejemplo)*

5. *(Desarrollo: Código de IndexedDB con Dexie.js)*

6. **b) Los datos permanecen almacenados hasta que el usuario los elimine manualmente o el sitio web los modifique.**

7. **b) `localStorage.getItem(key)`.**

8. **b) IndexedDB permite almacenar datos estructurados y realizar consultas avanzadas, mientras que LocalStorage solo almacena datos en formato clave-valor.**

9. **b) Creando un `writable()` y sincronizándolo con `localStorage.setItem()`.**

10. **b) SQLite permite almacenar datos en tablas estructuradas con relaciones, mientras que LocalStorage solo almacena pares clave-valor.**

Conclusión

Esta autoevaluación te ayuda a reforzar lo aprendido sobre **persistencia de datos en Svelte**. Si has tenido dificultades con alguna pregunta, revisa el capítulo correspondiente y experimenta con código en tu propio entorno.

👉 **¡Sigue avanzando! En el próximo capítulo, aprenderemos sobre autenticación en Svelte.** 🚀

Parte 3: Interactividad y Navegación

9. Manejo de Eventos y Formularios en Svelte

Svelte proporciona una forma simple y eficiente de manejar eventos y formularios sin necesidad de código adicional o bibliotecas externas. Gracias a su reactividad nativa, **los eventos y formularios se integran de forma natural en los componentes**.

En este capítulo, aprenderemos a:
- ✔ **Manejar eventos** con `on:evento`.
- ✔ **Pasar parámetros a eventos** y usar modificadores.
- ✔ **Trabajar con formularios y validaciones** en Svelte.
- ✔ **Sincronizar formularios con variables reactivas usando** `bind:`.

1. Eventos en Svelte (`on:evento`)

En Svelte, los eventos se manejan con `on:evento`, similar a `addEventListener()`, pero con una sintaxis más sencilla.

📌 **Ejemplo: Capturar un evento** `click`

```
<script>
  function mostrarAlerta() {
    alert("¡Botón presionado!");
  }
</script>

<button on:click={mostrarAlerta}>Haz clic aquí</button>
```

📌 **Cuando el usuario presiona el botón, se ejecuta** `mostrarAlerta()`.

✔ **Más simple y directo que** `addEventListener()`.

2. Pasar Parámetros a Eventos

Si necesitas pasar argumentos a una función dentro de un evento, usa una **función flecha**.

📌 **Ejemplo: Pasar un nombre al hacer clic**

```
<script>
  function saludar(nombre) {
    alert(`Hola, ${nombre}!`);
  }
</script>

<button on:click={() => saludar("Juan")}>Saludar a Juan</button>
<button on:click={() => saludar("María")}>Saludar a María</button>
```

📌 **Cada botón ejecuta la función con un parámetro diferente.**

✔ **Evita la necesidad de usar** `bind(this)`.

3. Modificadores de Eventos (`once`, `preventDefault`, `self`)

Svelte proporciona **modificadores de eventos** para optimizar la interacción sin escribir código extra.

Modificador	Descripción	Ejemplo
once	Ejecuta el evento solo la primera vez.	`on:click

Modificador	Descripción	Ejemplo
preventDefault	Evita el comportamiento por defecto.	`on:submit
self	Asegura que el evento solo se active en el elemento objetivo.	`on:click

📌 **Ejemplo: Prevenir la recarga de un formulario (** preventDefault **)**

```
<script>
  function manejarEnvio(event) {
    event.preventDefault();
    alert("Formulario enviado sin recargar la página.");
  }
</script>

<form on:submit|preventDefault={manejarEnvio}>
  <input type="text" placeholder="Nombre">
  <button type="submit">Enviar</button>
</form>
```

📌 **El formulario se envía sin recargar la página.**

✔️ **Evita usar** event.preventDefault() **dentro de la función.**

4. Manejo de Formularios y Validaciones en Svelte

Svelte simplifica el trabajo con formularios al permitir **vincular inputs directamente a variables** con bind:value.

📌 **Ejemplo: Input vinculado a una variable (** bind:value **)**

```
<script>
  let nombre = "";
</script>

<input type="text" bind:value={nombre} placeholder="Ingresa tu nombre">
<p>Tu nombre es: {nombre}</p>
```

📌 **Cada vez que el usuario escriba en el input,** nombre **se actualizará automáticamente.**

✔ **No necesitas eventos** onChange **como en React.**

5. Validaciones de Formularios en Svelte

Podemos agregar validaciones dinámicas de forma sencilla.

📌 **Ejemplo: Validar si un campo está vacío**

```
<script>
  let email = "";
  let mensajeError = "";

  function validarFormulario() {
    if (!email.includes("@")) {
      mensajeError = "Por favor, ingresa un correo válido.";
    } else {
      mensajeError = "";
      alert("Formulario enviado correctamente.");
    }
  }
</script>

<input type="email" bind:value={email} placeholder="Correo
electrónico">
<p style="color: red;">{mensajeError}</p>
<button on:click={validarFormulario}>Enviar</button>
```

📌 **El botón solo enviará el formulario si el correo es válido.**

✔ **Evita la recarga de la página y mejora la UX.**

6. Formularios con Múltiples Campos y Validación Completa

📌 **Ejemplo: Validar un formulario con múltiples campos**

```
<script>
  let usuario = "";
  let password = "";
  let error = "";

  function validar() {
    if (!usuario || password.length < 6) {
```

```
        error = "El usuario no puede estar vacío y la contraseña debe
    tener al menos 6 caracteres.";
        } else {
        error = "";
        alert("¡Inicio de sesión exitoso!");
        }
    }
</script>

<form on:submit|preventDefault={validar}>
    <input type="text" bind:value={usuario} placeholder="Usuario">
    <input type="password" bind:value={password}
placeholder="Contraseña">
    <p style="color: red;">{error}</p>
    <button type="submit">Iniciar Sesión</button>
</form>
```

📌 **El formulario verifica si el usuario está vacío y si la contraseña tiene al menos 6 caracteres.**

✔ **Evita enviar datos inválidos al backend.**

7. Checkbox, Radio Buttons y Selects con `bind:`

Svelte permite vincular **checkboxes, radio buttons y selects** a variables fácilmente.

📌 **Ejemplo: Checkbox con `bind:checked`**

```
<script>
    let aceptado = false;
</script>

<input type="checkbox" bind:checked={aceptado}> Acepto los términos y
condiciones.
<p>{aceptado ? "Aceptaste los términos." : "Debes aceptar los
términos."}</p>
```

📌 **El checkbox actualiza `aceptado` automáticamente.**

📌 **Ejemplo: Radio Buttons con `bind:group`**

```
<script>
  let genero = "";
</script>

<input type="radio" bind:group={genero} value="Masculino"> Masculino
<input type="radio" bind:group={genero} value="Femenino"> Femenino
<p>Género seleccionado: {genero}</p>
```

📌 **Los radio buttons comparten el mismo grupo y solo uno puede estar activo.**

📌 **Ejemplo: Select con** `bind:value`

```
<script>
  let color = "rojo";
</script>

<select bind:value={color}>
  <option value="rojo">Rojo</option>
  <option value="azul">Azul</option>
  <option value="verde">Verde</option>
</select>
<p>Color seleccionado: {color}</p>
```

📌 **Cada vez que se seleccione una opción,** `color` **se actualizará automáticamente.**

✔ **Evita manejar eventos** `onchange` .

Conclusión

✔ **Svelte simplifica el manejo de eventos con** `on:evento` .

✔ **Los modificadores (** `once` , `preventDefault` , `self` **) optimizan la interacción.**

✔ **Los formularios pueden sincronizarse directamente con variables usando** `bind:` .

✔ **Las validaciones pueden realizarse en tiempo real sin necesidad de bibliotecas externas.**

✔ **Svelte maneja inputs, checkboxes, radio buttons y selects con** `bind:` .

👉 **En el siguiente capítulo, exploraremos el enrutamiento en Svelte con SvelteKit.** 🚀

10. Enrutamiento y Navegación en Svelte

Svelte no incluye un sistema de enrutamiento por defecto, pero **SvelteKit** proporciona una solución completa para manejar rutas de manera eficiente. También existen bibliotecas como `svelte-spa-router` para aplicaciones de una sola página (**SPA**).

En este capítulo, aprenderemos a:
- ✔ **Configurar rutas en SvelteKit**.
- ✔ **Trabajar con rutas dinámicas y autenticación de usuarios**.
- ✔ **Usar `svelte-spa-router` para aplicaciones sin SvelteKit**.

1. Configuración de Rutas con SvelteKit

SvelteKit usa un **sistema de archivos** para definir rutas, similar a Next.js o Nuxt.js. Cada archivo dentro de la carpeta `/src/routes/` representa una página accesible por URL.

Paso 1: Instalar SvelteKit

Si aún no tienes un proyecto SvelteKit, instala uno con:

```
npm create svelte@latest mi-proyecto
cd mi-proyecto
npm install
npm run dev
```

📌 **Esto creará la estructura del proyecto y ejecutará un servidor local.**

Paso 2: Definir Rutas

📌 **Ejemplo de estructura de rutas en SvelteKit**

```
/src/routes/
|— +page.svelte      → Página principal ("/")
|— about/
|    |— +page.svelte → Página "/about"
|— contact/
|    |— +page.svelte → Página "/contact"
|— blog/
|    |— +page.svelte → Página "/blog"
```

📌 **Cada carpeta dentro de** `routes/` **representa una URL accesible.**

📌 **Ejemplo:** `src/routes/+page.svelte` **(Página de inicio)**

```
<h1>Bienvenido a SvelteKit</h1>
<a href="/about">Ir a About</a>
```

📌 **Ejemplo:** `src/routes/about/+page.svelte` **(Página About)**

```
<h1>Acerca de nosotros</h1>
<a href="/">Volver al Inicio</a>
```

📌 **Cada página se carga automáticamente según su archivo en** `routes/`.

✔️ **SvelteKit maneja el enrutamiento sin necesidad de configuración adicional.**

2. Navegación entre Páginas con `$app/navigation`

SvelteKit permite navegar sin recargar la página usando `goto()` de `$app/navigation`.

📌 **Ejemplo: Navegación sin recarga (** `+page.svelte` **)**

```
<script>
  import { goto } from "$app/navigation";

  function irAAbout() {
    goto("/about");
  }
</script>

<button on:click={irAAbout}>Ir a About</button>
```

📌 **El usuario será redirigido a** `/about` **sin recargar la página.**

✔ `goto()` **permite transiciones más rápidas que** `<a href>`.

3. Rutas Dinámicas en SvelteKit

SvelteKit permite definir **rutas dinámicas** usando `[nombre]` en el sistema de archivos.

📌 **Ejemplo de estructura con rutas dinámicas**

```
/src/routes/
|— blog/
|   ├── [id]/
|   |   ├── +page.svelte   → Página "/blog/:id"
```

📌 **Ejemplo:** `src/routes/blog/[id]/+page.svelte`

```
<script>
  import { page } from "$app/stores";

  let id;
  $: id = $page.params.id; // Obtener el parámetro de la URL
</script>

<h1>Blog Post {id}</h1>
<a href="/blog">Volver al Blog</a>
```

📌 **Si el usuario visita** `/blog/123`, `id` **será** `"123"`.

✔ **Útil para mostrar detalles de artículos, perfiles de usuario, etc.**

4. Rutas Protegidas y Autenticación de Usuarios

SvelteKit permite proteger rutas con **hooks de servidor (hooks.server.js)**.

📌 **Ejemplo: Redirigir usuarios no autenticados**

📌 **Archivo src/hooks.server.js**

```
export async function handle({ event, resolve }) {
  const usuario = event.cookies.get("usuario");

  if (!usuario && event.url.pathname.startsWith("/dashboard")) {
    return Response.redirect("/login");
  }

  return resolve(event);
}
```

📌 **Si un usuario no autenticado intenta acceder a /dashboard , será redirigido a /login .**

✔️ **hooks.server.js permite validar usuarios antes de cargar la página.**

5. Autenticación con Formularios y Cookies

📌 **Ejemplo: Página de Login (src/routes/login/+page.svelte)**

```svelte
<script>
  let usuario = "";
  let password = "";

  async function login() {
    const res = await fetch("/api/login", {
      method: "POST",
      body: JSON.stringify({ usuario, password }),
      headers: { "Content-Type": "application/json" },
    });

    if (res.ok) {
      document.cookie = "usuario=" + usuario;
      window.location.href = "/dashboard";
    }
  }
```

```
</script>

<input type="text" bind:value={usuario} placeholder="Usuario">
<input type="password" bind:value={password}
placeholder="Contraseña">
<button on:click={login}>Iniciar Sesión</button>
```

📌 **El usuario inicia sesión y es redirigido a** `/dashboard`.

✔ **Las cookies permiten mantener la sesión abierta sin usar LocalStorage.**

6. Enrutamiento en Aplicaciones SPA con `svelte-spa-router`

Si usas **Svelte sin SvelteKit**, puedes manejar rutas con `svelte-spa-router`.

📌 **Paso 1: Instalar** `svelte-spa-router`

```
npm install svelte-spa-router
```

📌 **Paso 2: Definir rutas (** `routes.js` **)**

```
import Home from "./Home.svelte";
import About from "./About.svelte";
import NotFound from "./NotFound.svelte";

export const routes = {
  "/": Home,
  "/about": About,
  "*": NotFound, // Página 404
};
```

📌 **Paso 3: Implementar el router (** `App.svelte` **)**

```
<script>
  import { Router } from "svelte-spa-router";
  import { routes } from "./routes.js";
</script>

<Router {routes} />
```

📌 **Las rutas se gestionan sin recarga de página.**

✔ Útil para aplicaciones SPA sin necesidad de SvelteKit.

Resumen de Métodos de Enrutamiento en Svelte

Método	Uso Principal	Ejemplo
SvelteKit	Enrutamiento basado en archivos.	`/src/routes/about/+page.svelte`
goto()	Navegación sin recarga.	`goto("/dashboard")`
Rutas dinámicas	Capturar parámetros de URL.	`/blog/[id]/+page.svelte`
hooks.server.js	Proteger rutas.	`if (!usuario) return redirect("/login")`
Cookies	Almacenar sesiones.	`document.cookie = "usuario=admin"`
svelte-spa-router	Enrutamiento en SPA sin SvelteKit.	`import { Router } from "svelte-spa-router"`

Conclusión

✔ **SvelteKit maneja rutas automáticamente con su sistema de archivos.**

✔ **Las rutas dinámicas permiten crear URLs como** `/blog/:id`.

✔ `goto()` **facilita la navegación sin recarga.**

✔ **Las rutas protegidas evitan accesos no autorizados con** `hooks.server.js`.

✔ **Para aplicaciones sin SvelteKit,** `svelte-spa-router` **es una alternativa.**

👉 **En el siguiente capítulo, aprenderemos a optimizar el rendimiento en Svelte.** 🚀

11. Interacción con APIs Externas en Svelte

Svelte facilita la integración con **APIs externas** mediante `fetch()`, **promesas** y la asincronía de JavaScript. Gracias a la reactividad de Svelte, los datos obtenidos de una API se actualizan automáticamente en la UI.

En este capítulo, aprenderemos a:

✔ **Obtener datos con `fetch()` y mostrarlos en la UI.**

✔ **Manejar promesas y asincronía con `async/await` en Svelte.**

✔ **Optimizar el rendimiento con `#await` para manejar estados de carga y errores.**

1. Uso de `fetch()` para Consumir una API en Svelte

La función `fetch()` permite hacer peticiones HTTP para obtener datos de una API.

📌 **Ejemplo: Obtener datos de una API pública en Svelte**

```
<script>
  let usuarios = [];

  async function obtenerUsuarios() {
    const respuesta = await
fetch("https://jsonplaceholder.typicode.com/users");
    usuarios = await respuesta.json();
  }

  obtenerUsuarios();
</script>

<ul>
  {#each usuarios as usuario}
    <li>{usuario.name} - {usuario.email}</li>
  {/each}
</ul>
```

📌 **Al cargar la página, la función `obtenerUsuarios()` obtiene los datos y los muestra en la UI.**

✔ **Los datos se actualizan automáticamente gracias a la reactividad de Svelte.**

2. Manejo de Errores en `fetch()`

Es importante manejar errores en caso de que la API no responda o falle la conexión.

📌 **Ejemplo: Manejar errores con `try...catch`**

```
<script>
  let usuarios = [];
  let error = "";

  async function obtenerUsuarios() {
    try {
      const respuesta = await
fetch("https://jsonplaceholder.typicode.com/users");

      if (!respuesta.ok) {
        throw new Error("Error al obtener los datos");
      }

      usuarios = await respuesta.json();
    } catch (err) {
      error = err.message;
    }
  }

  obtenerUsuarios();
</script>

{#if error}
  <p style="color: red;">Error: {error}</p>
{:else}
  <ul>
    {#each usuarios as usuario}
      <li>{usuario.name} - {usuario.email}</li>
    {/each}
  </ul>
{/if}
```

📌 **Si la API falla, se muestra un mensaje de error en lugar de una lista vacía.**

✔️ `try...catch` **ayuda a manejar fallos de red y errores HTTP.**

3. Manejo de Estados con `#await` en Svelte

Svelte proporciona el bloque `#await` para manejar la carga, los datos y los errores de forma más sencilla.

📌 **Ejemplo: Mostrar "Cargando..." mientras se obtiene la API**

```
<script>
  let usuariosPromise =
fetch("https://jsonplaceholder.typicode.com/users")
    .then(res => res.json());
</script>
```

```
{#await usuariosPromise}
  <p>Cargando usuarios...</p>
{:then usuarios}
  <ul>
    {#each usuarios as usuario}
      <li>{usuario.name} - {usuario.email}</li>
    {/each}
  </ul>
{:catch error}
  <p style="color: red;">Error: {error.message}</p>
{/await}
```

📌 **El bloque `#await` gestiona automáticamente los estados de carga, éxito y error.**

✔️ **Simplifica el código en comparación con `try...catch`.**

4. Enviar Datos a una API con `fetch()` (POST)

Podemos enviar datos a un servidor mediante `fetch()` con el método `POST`.

📌 **Ejemplo: Enviar un nuevo usuario a la API**

```
<script>
  let nombre = "";
  let email = "";

  async function enviarUsuario() {
```

```
    const respuesta = await
fetch("https://jsonplaceholder.typicode.com/users", {
    method: "POST",
    headers: { "Content-Type": "application/json" },
    body: JSON.stringify({ name: nombre, email: email }),
    });

    const datos = await respuesta.json();
    console.log("Usuario creado:", datos);
  }
</script>

<input type="text" bind:value={nombre} placeholder="Nombre">
<input type="email" bind:value={email} placeholder="Correo">
<button on:click={enviarUsuario}>Enviar</button>
```

📌 **Cuando el usuario hace clic en el botón, los datos se envían a la API.**

✔️ POST **permite enviar datos nuevos a la API desde un formulario.**

5. Actualizar Datos en una API con PUT y PATCH

- PUT reemplaza completamente un recurso en la API.

- PATCH actualiza solo los campos necesarios.

📌 **Ejemplo: Modificar un usuario con** PUT

```
<script>
  async function actualizarUsuario(id) {
    const respuesta = await
fetch(`https://jsonplaceholder.typicode.com/users/${id}`, {
    method: "PUT",
    headers: { "Content-Type": "application/json" },
    body: JSON.stringify({ name: "Nuevo Nombre", email:
"nuevo@email.com" }),
    });

    const datos = await respuesta.json();
    console.log("Usuario actualizado:", datos);
  }
</script>
```

```
<button on:click={() => actualizarUsuario(1)}>Actualizar
Usuario</button>
```

📌 El usuario con ID 1 será modificado en la API.

✔ Usa PATCH si solo necesitas actualizar un campo específico.

6. Eliminar Datos en una API con DELETE

📌 Ejemplo: Eliminar un usuario

```
<script>
  async function eliminarUsuario(id) {
    const respuesta = await
fetch(`https://jsonplaceholder.typicode.com/users/${id}`, {
      method: "DELETE",
    });

    if (respuesta.ok) {
      console.log(`Usuario ${id} eliminado correctamente.`);
    }
  }
</script>

<button on:click={() => eliminarUsuario(1)}>Eliminar Usuario</button>
```

📌 El usuario con ID 1 será eliminado de la API.

✔ DELETE es útil para manejar acciones de eliminación en la UI.

7. Manejo de APIs con Stores en Svelte

Podemos usar **Stores (writable())** para gestionar datos de una API de manera centralizada.

📌 Ejemplo: Crear un Store que obtenga usuarios de una API

📌 Definir el Store (store.js)

```
import { writable } from "svelte/store";

export const usuarios = writable([]);

export async function cargarUsuarios() {
  const respuesta = await
fetch("https://jsonplaceholder.typicode.com/users");
  const data = await respuesta.json();
  usuarios.set(data);
}
```

📌 **Uso en** `App.svelte`

```
<script>
  import { usuarios, cargarUsuarios } from "./store.js";

  cargarUsuarios();
</script>

<ul>
  {#each $usuarios as usuario}
    <li>{usuario.name}</li>
  {/each}
</ul>
```

📌 **Cuando** `cargarUsuarios()` **obtiene los datos, el Store se actualiza automáticamente en la UI.**

✔ **Los Stores permiten compartir datos de la API en múltiples componentes.**

Resumen de Métodos para APIs en Svelte

Método	Descripción	Ejemplo
`fetch(url)`	Obtener datos de una API.	`fetch("api.com/datos")`
`fetch(url, {` `method:` `"POST" })`	Enviar datos a una API.	`fetch("api.com/datos", {` `method: "POST", body:` `JSON.stringify(obj) })`

Método	Descripción	Ejemplo
`fetch(url, { method: "PUT" })`	Actualizar datos completamente.	`fetch("api.com/datos/1", { method: "PUT" })`
`fetch(url, { method: "PATCH" })`	Actualizar parcialmente un dato.	`fetch("api.com/datos/1", { method: "PATCH" })`
`fetch(url, { method: "DELETE" })`	Eliminar datos de una API.	`fetch("api.com/datos/1", { method: "DELETE" })`

Conclusión

✔ Svelte maneja `fetch()` de forma simple y eficiente.

✔ El bloque `#await` permite manejar estados de carga automáticamente.

✔ Las promesas y `async/await` facilitan la asincronía en Svelte.

✔ Podemos actualizar y eliminar datos de una API con `PUT`, `PATCH` y `DELETE`.

✔ Los Stores permiten gestionar datos de una API en múltiples componentes.

👉 En el siguiente capítulo, exploraremos cómo manejar autenticación con APIs en Svelte. 🚀

Autoevaluación: Interacción con APIs Externas en Svelte

A continuación, encontrarás una autoevaluación para reforzar los conocimientos sobre **interacción con APIs en Svelte**.

- **50% preguntas de desarrollo (escritas)** → Responde con código o explicación.

- **50% preguntas de opción múltiple (multiple choice)** → Selecciona la opción correcta.

Parte 1: Preguntas de Desarrollo (Responde con código o explicación)

1. Explica cómo funciona `fetch()` en Svelte y proporciona un ejemplo de su uso.

Respuesta: *(Explicación con código sobre cómo `fetch()` obtiene datos de una API).*

2. Escribe un código en Svelte que use `#await` para mostrar datos obtenidos de una API.

Respuesta: *(Código funcional en Svelte con `#await` manejando carga y errores).*

3. ¿Cómo manejar errores en `fetch()`? Escribe un código que capture errores cuando la API falle.

Respuesta: *(Código que use `try...catch` para manejar errores en `fetch()`).*

4. Escribe un código en Svelte que envíe datos a una API usando `fetch()` con `POST`.

Respuesta: *(Código funcional que envíe datos con `fetch()` y `POST`).*

5. Explica la diferencia entre `PUT` y `PATCH` en `fetch()`, y proporciona un código de ejemplo.

Respuesta: *(Explicación detallada con ejemplos de `PUT` y `PATCH`).*

Parte 2: Preguntas de Opción Múltiple

6. ¿Cuál de las siguientes afirmaciones sobre `fetch()` es correcta?

- a) `fetch()` es una función de Svelte exclusiva para obtener datos.

- b) `fetch()` devuelve una promesa que debe resolverse con `.then()` o `async/await`.
- c) `fetch()` solo funciona en navegadores y no en servidores.
- d) `fetch()` requiere una biblioteca externa para funcionar en Svelte.

Respuesta correcta: ▓

7. ¿Qué hace el bloque `#await` en Svelte?

- a) Muestra un mensaje mientras se espera el resultado de una promesa.
- b) Bloquea la ejecución del código hasta que se complete la promesa.
- c) Se usa solo en componentes de SvelteKit.
- d) Solo funciona con `fetch()` y no con otras promesas.

Respuesta correcta: ▓

8. ¿Cuál es la diferencia entre `async/await` y `.then()` en `fetch()`?

- a) `async/await` es más rápido que `.then()`.
- b) `async/await` permite un código más limpio y fácil de leer.
- c) `.then()` no permite manejar errores en `fetch()`.
- d) `async/await` solo funciona con APIs internas.

Respuesta correcta: ▓

9. ¿Cómo se envían datos a una API con `fetch()` y `POST`?

- a) `fetch("url", { method: "POST", body: JSON.stringify(datos) })`.
- b) `fetch("url", { send: "POST", datos: datos })`.
- c) `fetch("url", { method: "GET", body: datos })`.
- d) `fetch("url", { request: "POST", payload: datos })`.

Respuesta correcta: ▓

10. ¿Cómo manejar errores en `fetch()` correctamente?

- a) Usando `try...catch`.
- b) No es necesario manejar errores en `fetch()`.

- c) `fetch()` maneja los errores automáticamente.
- d) Usando `fetch().error()`.

Respuesta correcta: ▉

Respuestas correctas de la autoevaluación

1. *(Desarrollo: Explicación de `fetch()` y código de ejemplo).*
2. *(Desarrollo: Código de `#await` para mostrar datos con carga y errores).*
3. *(Desarrollo: Código de `fetch()` con `try...catch` para manejar errores).*
4. *(Desarrollo: Código de `fetch()` con `POST` para enviar datos).*
5. *(Desarrollo: Diferencias entre `PUT` y `PATCH`, con ejemplos).*
6. **b)** `fetch()` **devuelve una promesa que debe resolverse con** `.then()` **o** `async/await`.
7. **a) Muestra un mensaje mientras se espera el resultado de una promesa.**
8. **b)** `async/await` **permite un código más limpio y fácil de leer.**
9. **a)** `fetch("url", { method: "POST", body: JSON.stringify(datos) })`.
10. **a) Usando** `try...catch`.

Conclusión

Esta autoevaluación refuerza el aprendizaje sobre **interacción con APIs en Svelte**. Si tienes dificultades con alguna pregunta, revisa el capítulo correspondiente y experimenta con código en tu entorno de desarrollo.

👉 **¡Sigue avanzando! En el próximo capítulo, aprenderemos sobre autenticación con APIs en Svelte.** 🚀

Parte 4: Estilos, Animaciones y Accesibilidad

12. Manejo de Estilos en Svelte

Svelte proporciona un sistema de estilos que permite definir **estilos locales encapsulados** dentro de cada componente sin afectar el resto de la aplicación. También permite trabajar con **estilos globales** y utilizar **preprocesadores como SCSS o LESS** para mejorar la gestión del CSS.

En este capítulo, aprenderemos:
- ✔ **Cómo aplicar estilos locales en Svelte**.
- ✔ **Cómo definir estilos globales** sin afectar la encapsulación.
- ✔ **Cómo usar preprocesadores como SCSS en Svelte**.

1. Estilos Locales en Svelte

Svelte encapsula los estilos dentro de cada componente para evitar que afecten a otros elementos de la aplicación.

📌 **Ejemplo: Estilos locales dentro de un componente (** `Boton.svelte` **)**

```
<button>Haz clic</button>

<style>
  button {
    background-color: blue;
    color: white;
    padding: 10px;
    border-radius: 5px;
    border: none;
    cursor: pointer;
  }
</style>
```

📌 **El estilo solo afectará al botón dentro de** `Boton.svelte`.

✔ **No es necesario usar clases únicas para evitar conflictos de estilos.**

2. Estilos Globales en Svelte (`:global`)

Si queremos definir estilos que se apliquen a toda la aplicación, usamos `:global()` .

📌 **Ejemplo: Aplicar un estilo global a** `body` **en** `App.svelte`

```
<style>
  :global(body) {
    font-family: Arial, sans-serif;
    background-color: #f4f4f4;
    margin: 0;
    padding: 0;
  }
</style>
```

📌 **Esto afectará a toda la aplicación sin importar el componente en el que se defina.**

✔️ **Ideal para estilos generales como fuentes, colores y márgenes globales.**

3. Uso de Variables CSS en Svelte

Podemos definir **variables CSS** para gestionar mejor los colores, fuentes y tamaños.

📌 **Ejemplo: Definir variables globales en** `App.svelte`

```
<style>
  :global(:root) {
    --color-primario: #3498db;
    --color-texto: #333;
  }

  h1 {
    color: var(--color-primario);
  }

  p {
    color: var(--color-texto);
  }
</style>

<h1>Título Principal</h1>
<p>Este es un párrafo con una variable de color.</p>
```

📌 **Las variables permiten cambiar toda la paleta de colores fácilmente.**

✔️ **Útil para definir temas y reutilizar estilos.**

4. Uso de Clases Dinámicas en Svelte

Svelte permite modificar clases de manera dinámica usando `class:`.

📌 **Ejemplo: Cambiar el color de un botón dinámicamente**

```
<script>
  let activo = false;
</script>

<button class:activo={activo} on:click={() => activo = !activo}>
  {activo ? "Activo" : "Inactivo"}
</button>

<style>
  button {
    padding: 10px;
    border: none;
    cursor: pointer;
  }

  .activo {
    background-color: green;
    color: white;
  }
</style>
```

📌 **El botón cambia de color cuando se hace clic en él.**

✔ **Evita manipular** `classList.add()` **o** `remove()`.

5. Importar Archivos CSS Externos en Svelte

Podemos importar archivos CSS en un componente o en `app.html` para aplicarlos globalmente.

📌 **Ejemplo: Importar un archivo CSS global (** `styles.css` **) en** `App.svelte`

```
<style>
  @import url("./styles.css");
</style>
```

📌 **O incluirlo directamente en** `app.html`

```
<link rel="stylesheet" href="/styles.css">
```

📌 **Ideal para integrar librerías como Bootstrap o TailwindCSS.**

✔ **Mantiene el código más limpio y modular.**

6. Uso de SCSS en Svelte

Svelte permite usar **SCSS** para mejorar la organización del CSS.

6.1. Instalación de SCSS en un proyecto Svelte

```
npm install -D svelte-preprocess sass
```

6.2. Configurar SCSS en `svelte.config.js`

```js
import preprocess from 'svelte-preprocess';

export default {
  preprocess: preprocess({
    scss: true
  })
};
```

6.3. Usar SCSS en un Componente

📌 **Ejemplo:** `Boton.svelte` **con SCSS**

```svelte
<script>
  let color = "azul";
</script>

<button class={color}>Haz clic</button>

<style lang="scss">
  $colores: (
    azul: #3498db,
    rojo: #e74c3c
  );

  button {
    background-color: map-get($colores, azul);
```

```scss
      color: white;
      padding: 10px;
      border-radius: 5px;
      border: none;
      cursor: pointer;

      &.rojo {
        background-color: map-get($colores, rojo);
      }
    }
  }
</style>
```

📌 **SCSS permite usar variables, mixins y anidación para mejorar la gestión del CSS.**

✔ **Más organizado que escribir CSS puro dentro de los componentes.**

7. Comparación de Métodos para Manejo de Estilos

Método	Descripción	Ejemplo
Estilos Locales	CSS encapsulado dentro de un componente.	`<style>h1 { color: red; }</style>`
Estilos Globales (`:global`)	Afectan toda la aplicación.	`:global(body) { font-size: 16px; }`
Variables CSS	Definir valores reutilizables.	`--color-primario: #3498db;`
SCSS	Preprocesador CSS con más funcionalidades.	`$color: red; h1 { color: $color; }`
Clases Dinámicas	Agregar o quitar clases con `class:`.	`class:activo={estado}`

Conclusión

✔ **Svelte encapsula los estilos automáticamente para evitar conflictos globales.**

✔ **Podemos definir estilos globales con** `:global()`.

✔ **Las variables CSS permiten un diseño más flexible y fácil de modificar.**

✔ **Svelte permite modificar clases dinámicamente sin necesidad de** `classList.add()`.

✔ **SCSS facilita la organización del código CSS en proyectos grandes.**

👉 **En el siguiente capítulo, exploraremos cómo agregar animaciones en Svelte para mejorar la experiencia de usuario.** 🚀

13. Animaciones y Transiciones en Svelte

Svelte facilita la creación de **animaciones y transiciones** con su API integrada, sin necesidad de bibliotecas externas ni código adicional de JavaScript. Se pueden aplicar **transiciones básicas y avanzadas** a los elementos de la UI, así como definir **animaciones personalizadas** para efectos más complejos.

En este capítulo, aprenderemos a:

✔ Aplicar **transiciones básicas** (`fade`, `slide`, `scale` y `fly`).

✔ Crear **transiciones avanzadas** con configuraciones personalizadas.

✔ Implementar **animaciones personalizadas** con `animate`.

✔ Usar la API de **motion** para manipular elementos dinámicamente.

1. Transiciones Básicas en Svelte (`transition`)

Svelte ofrece transiciones prediseñadas para hacer que los elementos aparezcan o desaparezcan con efectos suaves.

📌 **Ejemplo: Usar** `fade` **para mostrar/ocultar un elemento**

```
<script>
  import { fade } from "svelte/transition";
  let mostrar = false;
</script>

<button on:click={() => mostrar = !mostrar}>
  {mostrar ? "Ocultar" : "Mostrar"}
</button>

{#if mostrar}
  <p transition:fade>Este texto aparece con un efecto de
desvanecimiento.</p>
{/if}
```

📌 **Cuando** mostrar **cambia, el texto aparece y desaparece con un efecto suave.**

✔ **Más simple que manejar** opacity **manualmente en CSS.**

2. Tipos de Transiciones en Svelte

Transición	Descripción	Ejemplo
fade	Suaviza la opacidad de entrada/salida.	transition:fade
slide	Desliza el elemento desde el borde.	transition:slide
scale	Aumenta o reduce el tamaño del elemento.	transition:scale
fly	Desplaza el elemento desde una posición específica.	transition:fly={{ y: -50, duration: 500 }}

📌 **Ejemplo: Aplicar múltiples transiciones en un componente**

```
<script>
  import { slide, scale, fly } from "svelte/transition";
  let visible = false;
</script>

<button on:click={() => visible = !visible}>Mostrar Elemento</button>

{#if visible}
  <div transition:slide>Slide</div>
  <div transition:scale>Scale</div>
  <div transition:fly={{ y: -100, duration: 600 }}>Fly</div>
{/if}
```

📌 **Cada elemento tiene una transición diferente al aparecer/desaparecer.**

✔️ **Evita escribir animaciones CSS manualmente.**

3. Configuración Avanzada de Transiciones

Las transiciones pueden personalizarse con **duración, retraso y curva de interpolación (easing).**

📌 **Ejemplo: Configurar una transición con duración y retraso**

```
<script>
  import { fade } from "svelte/transition";
  let activo = false;
</script>

<button on:click={() => activo = !activo}>Alternar</button>

{#if activo}
  <p transition:fade={{ duration: 1000, delay: 300 }}>
    Este texto aparece con un retraso de 300ms y dura 1s.
  </p>
{/if}
```

📌 **El texto tarda 300ms en empezar la transición y 1s en completarse.**

✔️ **Ideal para mejorar la fluidez de animaciones en la UI.**

4. Creación de Transiciones Personalizadas (`transition`)

Podemos crear **transiciones personalizadas** para efectos más complejos.

📌 **Ejemplo: Crear una transición que combine** `opacity` y `transform`

```
<script>
  import { cubicOut } from "svelte/easing";

  function fadeScale(node, { duration = 500 }) {
    return {
      duration,
      css: t => `opacity: ${t}; transform: scale(${t});`
    };
  }
</script>

<button on:click={() => mostrar = !mostrar}>Alternar</button>

{#if mostrar}
  <p transition:fadeScale={{ duration: 800 }}>Animación
personalizada</p>
{/if}
```

📌 **El elemento aparecerá con un desvanecimiento y escalado simultáneo.**

✔ **Útil para efectos únicos en UI/UX.**

5. Animaciones con `animate` para Listas Dinámicas

Svelte permite animar elementos cuando se **agregan o eliminan** de una lista usando `animate`.

📌 **Ejemplo: Lista con animaciones al agregar y eliminar elementos**

```
<script>
  import { flip } from "svelte/animate";

  let items = ["Elemento 1", "Elemento 2", "Elemento 3"];

  function agregarElemento() {
```

```
    items = [...items, `Elemento ${items.length + 1}`];
  }

  function eliminarElemento(index) {
    items = items.filter((_, i) => i !== index);
  }
</script>

<button on:click={agregarElemento}>Agregar</button>

<ul>
  {#each items as item, i (item)}
    <li animate:flip on:click={() => eliminarElemento(i)}>{item}</li>
  {/each}
</ul>

<style>
  li {
    cursor: pointer;
    padding: 5px;
    margin: 5px 0;
    background: lightblue;
    border-radius: 5px;
    transition: background 0.3s;
  }

  li:hover {
    background: lightskyblue;
  }
</style>
```

📌 **Los elementos se animan suavemente al ser agregados o eliminados.**

✔️ `animate:flip` **evita saltos bruscos al cambiar la lista.**

6. Animaciones de Movimiento con `tweened` y `spring`

Svelte ofrece dos Stores especiales para animaciones:

- `tweened` : Cambia el valor de forma suave.

- `spring` : Simula un efecto de resorte para cambios dinámicos.

📌 **Ejemplo: Cambiar la posición de un cuadro suavemente con** `tweened`

```
<script>
  import { tweened } from "svelte/motion";
  import { cubicOut } from "svelte/easing";

  let posicion = tweened(0, { duration: 500, easing: cubicOut });

  function mover(direccion) {
    posicion.set(posicion.value + (direccion === "derecha" ? 100 :
-100));
  }
</script>

<button on:click={() => mover("izquierda")}>←</button>
<button on:click={() => mover("derecha")}>→</button>

<div style="position: absolute; left: {$posicion}px; width: 50px;
height: 50px; background: red;"></div>
```

📌 **El cuadro se mueve suavemente de izquierda a derecha.**

✔️ **Ideal para efectos de desplazamiento y transiciones de posición.**

Resumen de Métodos de Animación en Svelte

Método	Descripción	Ejemplo
transition	Aplica efectos al aparecer/desaparecer.	transition:fade
animate	Anima elementos en listas dinámicas.	animate:flip
tweened	Cambia valores de forma suave.	tweened(0, { duration: 500 })
spring	Simula un efecto de resorte.	spring(0, { stiffness: 0.1 })

Conclusión

✔️ **Svelte tiene transiciones y animaciones nativas sin necesidad de librerías externas.**

✔️ **Las transiciones (`fade`, `slide`, `fly`) permiten efectos visuales en la UI.**

✔️ **`animate` ayuda a mejorar la experiencia en listas dinámicas.**

✔️ **`tweened` y `spring` ofrecen control avanzado sobre el movimiento de elementos.**

👉 **En el siguiente capítulo, aprenderemos sobre accesibilidad en Svelte para hacer aplicaciones más inclusivas.** ✒️

14. Accesibilidad en Svelte

La **accesibilidad web** (A11Y) permite que las aplicaciones sean utilizables por **todas las personas**, incluidas aquellas con discapacidades visuales, auditivas, motoras o cognitivas. Svelte ofrece herramientas y prácticas que facilitan el desarrollo de **interfaces accesibles** sin esfuerzo adicional.

En este capítulo, aprenderemos a:

✔️ **Aplicar prácticas recomendadas para accesibilidad en Svelte.**
✔️ **Usar atributos ARIA y etiquetas semánticas para mejorar la experiencia.**
✔️ **Probar accesibilidad con herramientas automáticas y manuales.**

1. Prácticas Recomendadas para la Accesibilidad en Svelte

Para hacer que una aplicación Svelte sea accesible, debemos seguir estas **buenas prácticas**:

Práctica	Descripción	Ejemplo
Usar etiquetas HTML semánticas	Facilita la navegación con lectores de pantalla.	`button`, `nav`, `main`, `footer`
Agregar atributos ARIA	Mejora la accesibilidad para tecnologías asistivas.	`aria-label="Cerrar menú"`

Práctica	Descripción	Ejemplo
Manejo del foco (`tabindex`)	Permite la navegación con teclado.	`tabindex="0"` para hacer elementos enfocables
Proporcionar textos alternativos	Mejora la comprensión de imágenes y elementos gráficos.	`<img src="logo.png" alt="Logotipo de la empresa">`
Evitar solo el color para transmitir información	Beneficia a usuarios con daltonismo.	Usar texto adicional o iconos en vez de solo color

2. Uso de Etiquetas Semánticas en Svelte

Las etiquetas **semánticas** ayudan a que el contenido sea comprensible para los lectores de pantalla y otras herramientas de accesibilidad.

📌 Ejemplo: Estructura semántica correcta en Svelte

```
<header>
  <h1>Bienvenido a Mi Sitio</h1>
  <nav>
    <ul>
      <li><a href="/inicio">Inicio</a></li>
      <li><a href="/contacto">Contacto</a></li>
    </ul>
  </nav>
</header>

<main>
  <section>
    <h2>Sección de Noticias</h2>
    <article>
      <h3>Última Noticia</h3>
      <p>Descripción de la noticia...</p>
    </article>
  </section>
</main>

<footer>
```

```
    <p>&copy; 2025 Mi Sitio Web</p>
  </footer>
```

📌 **Cada sección tiene una etiqueta adecuada (`<header>` , `<nav>` , `<main>` , `<footer>`).**

✔️ **Facilita la navegación con lectores de pantalla.**

3. Uso de Atributos ARIA en Svelte

Los atributos **ARIA (Accessible Rich Internet Applications)** mejoran la accesibilidad en elementos interactivos.

📌 **Ejemplo: Botón con `aria-label` y `aria-hidden`**

```
<button aria-label="Abrir menú">≡</button>
<span aria-hidden="true">✓</span>
```

📌 **El botón tiene un `aria-label` para que los lectores de pantalla lo describan correctamente.**

✔️ **`aria-hidden="true"` oculta un icono decorativo del lector de pantalla.**

4. Manejo del Foco con `tabindex` en Svelte

Algunos elementos no son accesibles por teclado de forma predeterminada. Usamos `tabindex` para permitir el enfoque.

📌 **Ejemplo: Hacer un `div` interactivo con `tabindex`**

```
<div tabindex="0" on:click={() => alert("Div interactivo")}>
  Presiona Tab y Enter para activar
</div>
```

📌 **`tabindex="0"` permite enfocar el `div` con Tab y activarlo con Enter.**

✔️ **Útil para elementos que no son interactivos por defecto.**

5. Evitar Solo el Color para Transmitir Información

Las personas con daltonismo pueden no distinguir ciertos colores.

📌 **Ejemplo: Usar iconos y texto en lugar de solo color**

```
<p>
  <span style="color: red;">●</span> Error: Campo obligatorio
</p>
```

📌 **Agregar texto y un icono mejora la comprensión.**

✔️ **Beneficia a usuarios con dificultades visuales.**

6. Probar la Accesibilidad en Svelte

6.1. Herramientas Automáticas

Existen herramientas que analizan la accesibilidad automáticamente:

- **Lighthouse (Chrome DevTools)** → Audita accesibilidad con puntuaciones y sugerencias.
  - **Axe DevTools** → Detecta problemas de accesibilidad en tiempo real.
  - **WAVE Web Accessibility Tool** → Analiza problemas en el diseño de la UI.

📌 **Ejemplo: Ejecutar Lighthouse en Chrome**

1. Abrir las herramientas de desarrollador (F12).

2. Ir a la pestaña **Lighthouse**.

3. Seleccionar "Accessibility" y hacer clic en "Generate report".

✔️ **Lighthouse mostrará sugerencias para mejorar la accesibilidad.**

6.2. Pruebas Manuales de Accesibilidad

📌 **Lista de verificación para pruebas manuales:**

⬛ ¿Puedes navegar por toda la aplicación solo con el teclado (Tab, Enter, Esc)?

⬛ ¿Los textos tienen suficiente contraste con el fondo?

⬛ ¿Los botones y enlaces tienen descripciones claras (aria-label)?

⬛ ¿Las imágenes tienen alt descriptivo?

📌 **Ejemplo: Probar navegación con teclado**

1. Presiona **Tab** → ¿Los elementos se resaltan en orden lógico?

2. Presiona **Enter/Espacio** → ¿Los botones funcionan sin mouse?

3. Prueba con un lector de pantalla (NVDA, VoiceOver) → ¿Los textos se leen correctamente?

✔ **Ayuda a detectar problemas que las herramientas automáticas pueden ignorar.**

7. Mejorar Accesibilidad con Preprocesadores CSS

Podemos mejorar la accesibilidad usando **CSS** para aumentar el contraste y mejorar la visibilidad.

📌 **Ejemplo: Mejora de accesibilidad con SCSS**

```scss
:root {
  --color-texto: #000;
  --color-fondo: #fff;
}

@media (prefers-contrast: high) {
  :root {
    --color-texto: #fff;
    --color-fondo: #000;
  }
}

body {
  color: var(--color-texto);
  background-color: var(--color-fondo);
}
```

📌 **Los colores se adaptan automáticamente en dispositivos con "Alto Contraste".**

✔ **Mejora la experiencia en usuarios con visión reducida.**

Resumen de Métodos para Accesibilidad en Svelte

Método	Descripción	Ejemplo
Etiquetas Semánticas	Facilita la navegación con lectores de pantalla.	`<main>`, `<nav>`, `<footer>`
Atributos ARIA	Mejora accesibilidad de elementos interactivos.	`aria-label="Cerrar menú"`
tabindex	Permite navegar con teclado en elementos no interactivos.	`tabindex="0"`
Evitar solo color	Añadir texto e iconos para mejorar comprensión.	`<span>✓ Aprobado</span>`
Herramientas de pruebas	Analizan problemas de accesibilidad.	Lighthouse, Axe DevTools

Conclusión

✔ Las etiquetas semánticas y atributos ARIA mejoran la accesibilidad de la aplicación.

✔ `tabindex` permite que los usuarios naveguen sin mouse.

✔ Evitar solo el color beneficia a personas con daltonismo.

✔ Las herramientas como Lighthouse y Axe DevTools ayudan a detectar problemas.

✔ CSS avanzado puede mejorar la accesibilidad en modo "Alto Contraste".

👉 En el siguiente capítulo, aprenderemos sobre pruebas y depuración en Svelte para asegurar la calidad del código. 🚀

Autoevaluación – Parte 4: Estilos, Animaciones y Accesibilidad

La autoevaluación consta de:

✔ **Preguntas de desarrollo (50%)** → Responde con código o explicación.

✔ **Preguntas de opción múltiple (50%)** → Selecciona la opción correcta.

Parte 1: Preguntas de Desarrollo (Responde con código o explicación)

1. ¿Cuál es la diferencia entre estilos locales y globales en Svelte? Proporciona un código de ejemplo.

Respuesta: (Explicación sobre `:global()` y estilos encapsulados con código de ejemplo).

2. ¿Cómo se usa SCSS en un proyecto Svelte? Explica los pasos de instalación y proporciona un código de ejemplo.

Respuesta: (Instrucciones de instalación de `svelte-preprocess` y ejemplo de código con SCSS).

3. Escribe un código en Svelte que aplique una animación personalizada usando `transition`.

Respuesta: (Código con una transición personalizada que combine `opacity` y `transform`).

4. ¿Cómo funcionan los Stores `tweened` y `spring` en Svelte para animaciones? Proporciona un ejemplo de cada uno.

Respuesta: *(Explicación y código con `tweened` y `spring`).*

5. Explica la importancia de la accesibilidad web y menciona tres prácticas recomendadas en Svelte con código de ejemplo.

Respuesta: *(Explicación sobre la importancia de la accesibilidad y código de ejemplos con `aria-label`, `tabindex` y etiquetas semánticas).*

Parte 2: Preguntas de Opción Múltiple

6. ¿Cuál de las siguientes afirmaciones sobre estilos en Svelte es correcta?

- a) Los estilos en Svelte son siempre globales y afectan a todos los componentes.
- b) Los estilos en Svelte están encapsulados por defecto dentro de cada componente.
- c) No se pueden usar preprocesadores como SCSS en Svelte.
- d) Para usar CSS en Svelte es obligatorio importar un archivo externo.

Respuesta correcta: 🔲

7. ¿Cuál de las siguientes transiciones en Svelte se usa para que un elemento aparezca con un efecto de desvanecimiento?

- a) `slide`
- b) `fade`
- c) `fly`
- d) `scale`

Respuesta correcta: ▦

8. ¿Cómo se puede personalizar la duración de una transición en Svelte?

- a) `transition:fade(1000)`
- b) `transition:fade={{ duration: 1000 }}`
- c) `transition:fade; duration=1000`
- d) `transition.duration(fade, 1000)`

Respuesta correcta: ▦

9. ¿Cuál de las siguientes opciones mejora la accesibilidad de un botón en Svelte?

- a) `<button>🔍</button>`
- b) `<button aria-label="Buscar">🔍</button>`
- c) `<button style="font-size: 20px;">🔍</button>`
- d) `<button tabindex="-1">🔍</button>`

Respuesta correcta: ▦

10. ¿Qué herramienta de desarrollo se puede usar para auditar la accesibilidad de una aplicación web?

- a) Webpack
- b) Lighthouse
- c) Babel
- d) TypeScript

Respuesta correcta: ▦

Respuestas correctas de la autoevaluación

1. *(Desarrollo: Explicación sobre estilos locales y globales con código de ejemplo).*

2. *(Desarrollo: Pasos para usar SCSS en Svelte con código).*

3. *(Desarrollo: Código con transición personalizada en Svelte).*

4. *(Desarrollo: Explicación y código con* `tweened` *y* `spring`*).*

5. *(Desarrollo: Explicación sobre accesibilidad y código con* `aria-label`*,* `tabindex`*, etiquetas semánticas).*

6. **b) Los estilos en Svelte están encapsulados por defecto dentro de cada componente.**

7. **b)** `fade`

8. **b)** `transition:fade={{ duration: 1000 }}`

9. **b)** `<button aria-label="Buscar">  </button>`

10. **b) Lighthouse**

Conclusión

Esta autoevaluación cubre toda la **Parte 4: Estilos, Animaciones y Accesibilidad en Svelte**. Si has tenido dificultades con alguna pregunta, revisa el capítulo correspondiente y experimenta con código en tu entorno de desarrollo.

👉 **¡Sigue avanzando! En el próximo capítulo, aprenderemos sobre pruebas y depuración en Svelte para garantizar la calidad del código.** 🚀

15. Desarrollo de Aplicaciones en Tiempo Real con Svelte

El desarrollo de **aplicaciones en tiempo real** permite que los datos y la interfaz de usuario se actualicen **instantáneamente** sin necesidad de recargar la página. Svelte facilita la creación de este tipo de aplicaciones mediante **WebSockets y Firebase**, herramientas ideales para chats, tableros colaborativos, notificaciones en vivo y más.

En este capítulo, aprenderemos a:
✔ **Implementar WebSockets en Svelte** para comunicación bidireccional en tiempo real.
✔ **Integrar Firebase con Svelte** para manejar bases de datos, autenticación y almacenamiento en la nube.

✔ **Optimizar la sincronización de datos en tiempo real** para mejorar el rendimiento.

1. ¿Qué son las Aplicaciones en Tiempo Real?

Las aplicaciones en tiempo real (RTA, Real-Time Applications) permiten que múltiples usuarios interactúen simultáneamente con **actualizaciones instantáneas**.

Ejemplos de aplicaciones en tiempo real incluyen:
- **Chats en vivo** (WhatsApp, Messenger).
- **Notificaciones push** (Facebook, Twitter).
- **Colaboración en documentos** (Google Docs).
- **Juegos en línea** (Among Us, Fortnite).
- **Sistemas de monitoreo** (Trading en vivo, paneles IoT).

Las tecnologías más usadas para desarrollar este tipo de aplicaciones son **WebSockets** y **Firebase**, que aprenderemos en este capítulo.

2. Implementación de WebSockets en Svelte

2.1. ¿Qué son los WebSockets?

Los **WebSockets** permiten establecer una **conexión bidireccional persistente** entre el servidor y el cliente. A diferencia de **HTTP**, que requiere una solicitud por cada actualización, WebSockets mantienen la conexión abierta, permitiendo **envío y recepción de datos en tiempo real**.

📌 **Ventajas de WebSockets:**
- ✔ Bajo consumo de ancho de banda (evita múltiples solicitudes HTTP).
- ✔ Latencia mínima (actualizaciones en milisegundos).
- ✔ Ideal para chats, juegos y datos en vivo.

2.2. Implementación de WebSockets en Svelte

📌 **Paso 1: Configurar un Servidor WebSocket con Node.js**
Antes de conectar Svelte a WebSockets, necesitamos un servidor WebSocket.

📌 **Instalar WebSocket en Node.js**

```
npm install ws
```

📌 Crear `server.js` con un servidor WebSocket

```javascript
const WebSocket = require("ws");

const wss = new WebSocket.Server({ port: 8080 });

wss.on("connection", ws => {
  console.log("Cliente conectado");

  ws.on("message", message => {
    console.log(`Mensaje recibido: ${message}`);
    wss.clients.forEach(client => {
      if (client.readyState === WebSocket.OPEN) {
        client.send(message);
      }
    });
  });

  ws.on("close", () => console.log("Cliente desconectado"));
});

console.log("Servidor WebSocket corriendo en ws://localhost:8080");
```

📌 Este servidor WebSocket recibe mensajes y los retransmite a todos los clientes conectados (broadcast).

📌 Paso 2: Conectar Svelte al Servidor WebSocket
Ahora, creamos un cliente WebSocket en Svelte para interactuar con el servidor.

📌 Ejemplo: Cliente WebSocket en `Chat.svelte`

```svelte
<script>
  let ws;
  let mensaje = "";
  let mensajes = [];

  function conectarWebSocket() {
    ws = new WebSocket("ws://localhost:8080");

    ws.onmessage = (event) => {
      mensajes = [...mensajes, event.data];
    };

    ws.onopen = () => console.log("Conectado al servidor WebSocket");
```

```
    ws.onclose = () => console.log("Desconectado del servidor
WebSocket");
  }

  function enviarMensaje() {
    if (ws && ws.readyState === WebSocket.OPEN) {
      ws.send(mensaje);
      mensaje = "";
    }
  }
</script>

<button on:click={conectarWebSocket}>Conectar al Chat</button>

<input type="text" bind:value={mensaje} placeholder="Escribe un
mensaje">
<button on:click={enviarMensaje}>Enviar</button>

<ul>
  {#each mensajes as msg}
    <li>{msg}</li>
  {/each}
</ul>
```

📌 **Cada mensaje enviado se retransmite a todos los clientes conectados, actualizando la UI en tiempo real.**

✔️ **Ideal para chats, juegos y notificaciones en vivo.**

3. Integración de Firebase con Svelte

3.1. ¿Qué es Firebase y por qué usarlo?

Firebase es una **plataforma backend en la nube** de Google que permite desarrollar aplicaciones sin necesidad de servidores propios.

📌 **Ventajas de Firebase:**
✔️ Base de datos en tiempo real (**Firestore** y **Realtime Database**).
✔️ Autenticación con Google, Facebook, GitHub y más.
✔️ Almacenamiento en la nube.
✔️ Notificaciones push.

3.2. Configuración de Firebase en Svelte

📌 Paso 1: Crear un Proyecto en Firebase

1. Ir a Firebase Console y crear un nuevo proyecto.

2. Agregar una aplicación web (</>).

3. Copiar la configuración de Firebase.

📌 Paso 2: Instalar Firebase en el Proyecto

```
npm install firebase
```

📌 Paso 3: Configurar Firebase en `firebase.js`

```js
import { initializeApp } from "firebase/app";
import { getFirestore } from "firebase/firestore";

const firebaseConfig = {
  apiKey: "TU_API_KEY",
  authDomain: "tu-proyecto.firebaseapp.com",
  projectId: "tu-proyecto",
  storageBucket: "tu-proyecto.appspot.com",
  messagingSenderId: "123456789",
  appId: "1:123456789:web:abcdef"
};

const app = initializeApp(firebaseConfig);
export const db = getFirestore(app);
```

📌 Firebase ya está listo para ser usado en la aplicación Svelte.

3.3. Guardar y Leer Datos en Firestore desde Svelte

📌 Ejemplo: Guardar y mostrar mensajes en Firestore en `ChatFirebase.svelte`

```svelte
<script>
  import { collection, addDoc, onSnapshot } from
"firebase/firestore";
  import { db } from "./firebase";

  let mensaje = "";
```

```
let mensajes = [];

function enviarMensaje() {
  if (mensaje.trim() !== "") {
    addDoc(collection(db, "mensajes"), { texto: mensaje, fecha:
Date.now() });
    mensaje = "";
  }
}

onSnapshot(collection(db, "mensajes"), snapshot => {
  mensajes = snapshot.docs.map(doc => doc.data().texto);
});
</script>

<input type="text" bind:value={mensaje} placeholder="Escribe un
mensaje">
<button on:click={enviarMensaje}>Enviar</button>

<ul>
  {#each mensajes as msg}
    <li>{msg}</li>
  {/each}
</ul>
```

📌 Cada mensaje se almacena en Firestore y se actualiza en tiempo real sin necesidad de recargar la página.

✔ Firebase maneja la sincronización automáticamente.

Conclusión

✔ WebSockets permiten comunicación en tiempo real con baja latencia.

✔ Svelte puede conectarse fácilmente a WebSockets para chats y datos en vivo.

✔ Firebase simplifica la integración de bases de datos en tiempo real sin necesidad de servidores.

✔ Firestore permite almacenar y actualizar datos automáticamente en Svelte.

🚀 En el siguiente capítulo, aprenderemos sobre optimización y buenas prácticas en Svelte. 🚀

16. Arquitectura y Patrones de Diseño en Svelte

Al desarrollar aplicaciones con **Svelte**, es fundamental seguir **patrones de diseño y una arquitectura bien definida** para garantizar **escalabilidad, mantenibilidad y rendimiento**. Una aplicación mal estructurada puede volverse difícil de escalar, especialmente a medida que crece en complejidad.

En este capítulo, aprenderemos a:
- ✔ Implementar **patrones recomendados** en el desarrollo con Svelte.
- ✔ Diseñar una **arquitectura escalable** para proyectos grandes.
- ✔ Organizar los archivos y carpetas de forma eficiente.
- ✔ Usar **Stores y Context API** para gestionar el estado global de la aplicación.

1. Patrones Recomendados en Svelte

Existen diversos patrones para mejorar la organización y mantenimiento del código en Svelte. Algunos de los más utilizados son:

Patrón	Descripción	Ejemplo
Componentización	Divide la UI en pequeños componentes reutilizables.	`Button.svelte`, `Card.svelte`
State Management con Stores	Usa `writable()`, `derived()` o context para manejar datos globales.	`userStore.js`
Separación de Responsabilidades	Separa la lógica de negocio de la UI.	`firebase.js` para manejar Firebase
Modularización de Código	Usa archivos separados para funciones y lógica compleja.	`utils.js`, `api.js`
Uso de Eventos y Props	Comunicación eficiente entre componentes padre e hijo.	`on:click`, `bind:value`

Estos patrones garantizan **un código más limpio y fácil de escalar**.

2. Estructura de Proyectos Escalables en Svelte

La organización del código es **clave** para mantener un proyecto limpio y ordenado. Una estructura recomendada para proyectos grandes es la siguiente:

```
/mi-proyecto
|— src/
|   ├— components/         # Componentes reutilizables
|   |   ├— Button.svelte
|   |   ├— Navbar.svelte
|   |   ├— Card.svelte
|   |   ├— Modal.svelte
|   ├— pages/              # Páginas principales
|   |   ├— Home.svelte
|   |   ├— About.svelte
|   |   ├— Dashboard.svelte
|   ├— stores/             # Manejo del estado global
|   |   ├— userStore.js
|   |   ├— authStore.js
|   ├— services/           # Conexión con APIs y lógica externa
|   |   ├— api.js
|   |   ├— firebase.js
|   ├— styles/             # Estilos globales y SCSS
|   |   ├— global.css
|   |   ├— themes.scss
|   ├— App.svelte          # Componente raíz
|   ├— main.js             # Punto de entrada de la aplicación
|— static/                 # Recursos estáticos (imágenes, fuentes)
|— svelte.config.js        # Configuración de Svelte
|— package.json            # Dependencias y scripts
|— README.md               # Documentación del proyecto
```

📌 **Ventajas de esta estructura:**

⬛ **Organización clara** entre componentes, páginas, servicios y estilos.

⬛ **Escalabilidad**: fácil de mantener en proyectos grandes.

⬛ **Separación de responsabilidades**, evitando componentes monolíticos.

3. Componentización en Svelte

El **principio de componentización** es dividir la interfaz en partes reutilizables y modulares.

📌 **Ejemplo: Componentes reutilizables (** `Button.svelte` **)**

```
<script>
  export let texto = "Botón";
  export let tipo = "primario";
</script>

<button class={tipo}>{texto}</button>

<style>
  .primario { background-color: blue; color: white; }
  .secundario { background-color: gray; color: white; }
</style>
```

📌 **Uso en** `App.svelte`

```
<Button texto="Enviar" tipo="primario" />
<Button texto="Cancelar" tipo="secundario" />
```

📌 **Esto evita repetir código y mejora la reutilización.**

✔️ **Los componentes deben ser pequeños y cumplir una sola función.**

4. Manejo de Estado en Svelte con Stores

A medida que una aplicación crece, se necesita **un sistema de gestión de estado global**.

4.1. Uso de Stores (`writable()`)

📌 **Ejemplo:** `userStore.js` **para manejar el usuario autenticado**

```
import { writable } from "svelte/store";

export const usuario = writable(null);

export function iniciarSesion(datos) {
  usuario.set(datos);
}

export function cerrarSesion() {
  usuario.set(null);
}
```

📌 **Uso en** `Navbar.svelte`

```svelte
<script>
  import { usuario, cerrarSesion } from "../stores/userStore.js";
</script>

{#if $usuario}
  <p>Bienvenido, {$usuario.nombre}</p>
  <button on:click={cerrarSesion}>Cerrar Sesión</button>
{:else}
  <p>No has iniciado sesión</p>
{/if}
```

📌 **El estado del usuario es global y se actualiza en toda la aplicación.**

✔ **Los Stores evitan el uso excesivo de** `props` **y** `events`.

5. Uso del Context API para Compartir Estado

Si un Store es usado por muchos componentes, podemos **inyectarlo con** `setContext()` **y** `getContext()`.

📌 **Ejemplo:** `AuthProvider.svelte` **para manejar autenticación**

```svelte
<script>
  import { setContext } from "svelte";
  import { writable } from "svelte/store";

  const auth = writable(null);
  setContext("auth", auth);
</script>

<slot />
```

📌 **Uso en** `Login.svelte`

```
<script>
  import { getContext } from "svelte";
  const auth = getContext("auth");

  function login() {
    auth.set({ usuario: "Juan", email: "juan@example.com" });
  }
</script>

<button on:click={login}>Iniciar Sesión</button>
```

📌 **El estado de autenticación ahora se comparte sin necesidad de pasar props .**

✔ **Context API es útil para manejar temas, autenticación o configuración global.**

6. Modularización de Servicios y APIs

Separar la lógica de negocio de los componentes mejora la **mantenibilidad y reutilización** del código.

📌 **Ejemplo:** `api.js` **para manejar peticiones a una API**

```
export async function obtenerUsuarios() {
  const res = await
fetch("https://jsonplaceholder.typicode.com/users");
  return res.json();
}
```

📌 **Uso en** `Usuarios.svelte`

```
<script>
  import { onMount } from "svelte";
  import { obtenerUsuarios } from "../services/api.js";

  let usuarios = [];

  onMount(async () => {
    usuarios = await obtenerUsuarios();
  });
</script>
```

```
<ul>
  {#each usuarios as usuario}
    <li>{usuario.name}</li>
  {/each}
</ul>
```

📌 El componente solo maneja la UI, delegando la lógica a `api.js`.

✔ Esto facilita la depuración y pruebas unitarias.

Resumen de Mejores Prácticas en Svelte

Práctica	Descripción	Ejemplo
Componentización	Divide la UI en pequeños componentes reutilizables.	`Button.svelte`, `Card.svelte`
State Management	Usa `writable()` y Context API para compartir datos globales.	`userStore.js`, `authStore.js`
Separación de lógica	Mueve funciones a archivos de servicios (`api.js`).	`obtenerUsuarios()` en `api.js`
Estructura Escalable	Organiza archivos en carpetas lógicas.	`components/`, `stores/`, `services/`
Uso de Stores	Evita el uso excesivo de `props` y eventos.	`writable()`, `derived()`, context

Conclusión

✔ Una buena arquitectura en Svelte mejora la escalabilidad y mantenimiento del código.

✔ Los Stores y Context API son esenciales para manejar el estado global.

✔ Separar lógica de negocio en `services/` mejora la reutilización.

✔ Una estructura organizada permite desarrollar aplicaciones más eficientes y limpias.

👉 En el siguiente capítulo, exploraremos cómo optimizar el rendimiento en Svelte. 🚀

17. Pruebas y Depuración en Svelte

El desarrollo de aplicaciones confiables en **Svelte** requiere **pruebas y depuración efectiva**. Implementar **pruebas unitarias e integración**, junto con herramientas de depuración, ayuda a prevenir errores y mejorar la estabilidad del código.

En este capítulo, aprenderemos a:
- ✔ Escribir **pruebas unitarias** para componentes de Svelte.
- ✔ Realizar **pruebas de integración** para validar flujos completos.
- ✔ Usar herramientas como **Svelte DevTools** y **console.log()** para depurar errores.
- ✔ Automatizar las pruebas con **Vitest y Playwright**.

1. Tipos de Pruebas en Svelte

Tipo de Prueba	Descripción	Ejemplo
Pruebas Unitarias	Evalúan una parte específica del código (un componente, función o Store).	Probar que un botón cambia de estado al hacer clic.
Pruebas de Integración	Verifican que varios componentes o módulos trabajen juntos correctamente.	Probar que un usuario puede iniciar sesión correctamente.
Pruebas de End-to-End (E2E)	Simulan la interacción de un usuario con la aplicación.	Verificar que el flujo de compra funcione en la UI.

2. Configuración de Pruebas en Svelte

Para realizar pruebas unitarias en Svelte, usamos **Vitest y Testing Library**.

📌 **Instalar Vitest y @testing-library/svelte**

```
npm install -D vitest @testing-library/svelte @testing-library/jest-
dom jsdom
```

📌 **Configurar** `vitest` **en** `package.json`

```json
"scripts": {
  "test": "vitest"
}
```

📌 **Crear** `vitest.config.js`

```js
import { defineConfig } from 'vitest/config';

export default defineConfig({
  test: {
    globals: true,
    environment: 'jsdom'
  }
});
```

✔ **Vitest permite realizar pruebas rápidas sin configurar Jest.**

3. Pruebas Unitarias en Svelte

Las pruebas unitarias validan que **los componentes funcionen correctamente de manera aislada**.

📌 **Ejemplo: Probar un botón en** `Button.svelte`

```svelte
<script>
  export let texto = "Click";
  let contador = 0;

  function incrementar() {
    contador++;
  }
</script>

<button on:click={incrementar}>{texto} ({contador})</button>
```

📌 **Prueba unitaria para** `Button.svelte` **(** `Button.test.js` **)**

```
import { render, fireEvent } from "@testing-library/svelte";
import Button from "../components/Button.svelte";
import { expect, test } from "vitest";

test("El botón debe incrementar el contador al hacer clic", async ()
=> {
  const { getByText } = render(Button, { texto: "Presiona" });

  const boton = getByText("Presiona (0)");
  await fireEvent.click(boton);

  expect(getByText("Presiona (1)")).toBeTruthy();
});
```

📌 **La prueba verifica que el botón incremente el contador al hacer clic.**

✔ `render()` **monta el componente.**
✔ `fireEvent.click()` **simula un clic.**
✔ `expect()` **verifica si el texto cambió correctamente.**

4. Pruebas de Integración en Svelte

Las pruebas de integración validan que **varios componentes trabajen juntos** correctamente.

📌 **Ejemplo:** `Counter.svelte` **usa** `Button.svelte`

```
<script>
  import Button from "./Button.svelte";
</script>

<h1>Contador de Clicks</h1>
<Button texto="Sumar" />
```

📌 **Prueba de integración en** `Counter.test.js`

```
import { render } from "@testing-library/svelte";
import Counter from "../components/Counter.svelte";
import { expect, test } from "vitest";

test("Debe mostrar el título correctamente", () => {
  const { getByText } = render(Counter);
  expect(getByText("Contador de Clicks")).toBeTruthy();
});
```

📌 La prueba verifica que `Counter.svelte` muestra el título correctamente.

✔ Se prueban varios componentes juntos.
✔ Ideal para probar flujos completos en la UI.

5. Pruebas End-to-End (E2E) con Playwright

Playwright permite **simular la interacción de un usuario real** con la aplicación.

📌 **Instalar Playwright**

```
npm install -D @playwright/test
```

📌 **Ejecutar pruebas E2E**

```
npx playwright test
```

📌 **Ejemplo: Prueba E2E para verificar el formulario de login (`login.test.js`)**

```
import { test, expect } from '@playwright/test';

test("El usuario puede iniciar sesión", async ({ page }) => {
  await page.goto("http://localhost:3000/login");

  await page.fill("input[name='email']", "usuario@example.com");
  await page.fill("input[name='password']", "123456");
  await page.click("button[type='submit']");

  expect(await page.textContent("h1")).toContain("Bienvenido");
});
```

📌 Simula que un usuario ingresa su correo, contraseña y presiona "Iniciar Sesión".

✔ **Ideal para verificar flujos completos como pagos o navegación.**

6. Herramientas de Depuración en Svelte

Para detectar errores en el código, usamos herramientas como **Svelte DevTools** y `console.log()`.

📌 **Instalar Svelte DevTools (Chrome)**

1. Ir a la <u>Chrome Web Store</u>.

2. Instalar la extensión.

3. Abrir DevTools (F12) → Pestaña **Svelte**.

📌 **Ejemplo: Depurar variables en** `App.svelte`

```
<script>
  let nombre = "Juan";
  console.log("Nombre actual:", nombre);
</script>
```

📌 **El valor de** `nombre` **se mostrará en la consola del navegador.**

✔ **Svelte DevTools permite inspeccionar Stores, Props y Componentes en vivo.**

7. Pruebas de Rendimiento en Svelte

📌 **Ejecutar auditoría de rendimiento con Lighthouse (Chrome)**

1. Abrir DevTools (F12).

2. Ir a la pestaña **Lighthouse**.

3. Seleccionar "Performance" y hacer clic en "Generate report".

📌 **Ejemplo: Medir el tiempo de renderizado en Svelte**

```
<script>
  import { onMount } from "svelte";

  onMount(() => {
    console.time("Renderizado");
    console.timeEnd("Renderizado");
  });
</script>
```

📌 Muestra cuánto tiempo tarda el componente en renderizarse en la consola.

✔️ Útil para optimizar tiempos de carga en aplicaciones grandes.

Resumen de Métodos de Pruebas y Depuración en Svelte

Método	Descripción	Ejemplo
Pruebas Unitarias	Verifican el funcionamiento de un componente.	`test("Debe cambiar texto")`
Pruebas de Integración	Validan el funcionamiento entre varios componentes.	`test("Debe mostrar el título")`
Pruebas E2E	Simulan la interacción de un usuario real.	`test("El usuario puede iniciar sesión")`
Svelte DevTools	Permite inspeccionar el estado de la aplicación.	`console.log("Estado actual:", variable)`
Lighthouse	Mide el rendimiento y accesibilidad.	Generar auditoría en Chrome

Conclusión

✔️ Las pruebas unitarias aseguran que los componentes funcionen correctamente.
✔️ Las pruebas de integración verifican la interacción entre módulos.
✔️ Playwright permite pruebas E2E automatizadas.
✔️ Svelte DevTools facilita la depuración de Stores y Props.
✔️ Lighthouse ayuda a mejorar el rendimiento y accesibilidad.

👉 En el siguiente capítulo, aprenderemos sobre optimización y buenas prácticas en Svelte. 🚀

Autoevaluación: Pruebas y Depuración en Svelte

Esta autoevaluación abarca los conceptos clave sobre **pruebas unitarias, de integración, E2E y herramientas de depuración en Svelte**.

✔ **50% preguntas de desarrollo (escritas)** → Responde con código o explicación.

✔ **50% preguntas de opción múltiple (multiple choice)** → Selecciona la opción correcta.

Parte 1: Preguntas de Desarrollo (Responde con código o explicación)

1. ¿Cuál es la diferencia entre pruebas unitarias, de integración y E2E en Svelte? Explica con un ejemplo de cada tipo.

Respuesta: (Explicación sobre los diferentes tipos de pruebas y código de ejemplo para cada una).

2. Escribe una prueba unitaria para verificar que un botón cambia su estado al hacer clic en Svelte.

Respuesta: (Código con `@testing-library/svelte` y `fireEvent.click()`).

3. ¿Cómo puedes depurar un problema en un Store de Svelte? Proporciona un código de ejemplo y explica el proceso.

Respuesta: (Uso de `console.log()`, Svelte DevTools y `subscribe()` para inspeccionar el estado del Store).

4. Explica cómo realizar una prueba de integración en Svelte y proporciona un código de ejemplo.

Respuesta: *(Prueba que verifica la interacción entre múltiples componentes).*

5. ¿Cómo funciona Playwright para pruebas E2E en Svelte? Escribe una prueba que valide que un usuario puede iniciar sesión.

Respuesta: *(Código con Playwright simulando la autenticación de un usuario).*

Parte 2: Preguntas de Opción Múltiple

6. ¿Cuál de las siguientes herramientas es adecuada para pruebas unitarias en Svelte?

- a) Cypress
- b) Vitest
- c) Webpack
- d) Svelte DevTools

Respuesta correcta: █

7. ¿Qué función de `@testing-library/svelte` se usa para simular un clic en un botón en una prueba unitaria?

- a) `triggerClick()`
- b) `simulateClick()`
- c) `fireEvent.click()`
- d) `button.click()`

Respuesta correcta: █

8. ¿Cuál es la función principal de Svelte DevTools?

- a) Permitir modificar CSS en tiempo real
- b) Inspeccionar el estado de Stores y Props en una aplicación Svelte
- c) Auditar la accesibilidad de la aplicación
- d) Crear pruebas unitarias automáticamente

Respuesta correcta: ▨

9. ¿Cómo se puede medir el rendimiento de una aplicación Svelte en Chrome DevTools?

- a) Usando la pestaña **Network**
- b) Usando la pestaña **Performance**
- c) Usando la pestaña **Lighthouse**
- d) Usando la pestaña **Elements**

Respuesta correcta: ▨

10. ¿Qué comando se usa para ejecutar pruebas unitarias en un proyecto con Vitest?

- a) `npm test`
- b) `npm run e2e`
- c) `npm run vitest`
- d) `npm run playwright`

Respuesta correcta: ▨

Respuestas correctas de la autoevaluación

1. *(Desarrollo: Explicación de pruebas unitarias, de integración y E2E con código de ejemplo).*

2. *(Desarrollo: Código de prueba unitaria con* `fireEvent.click()` *).*

3. *(Desarrollo: Uso de* `console.log()` *, Svelte DevTools y* `subscribe()` *en Stores).*

4. *(Desarrollo: Código de prueba de integración en Svelte).*

5. *(Desarrollo: Código de prueba E2E con Playwright).*

6. **b) Vitest**

7. **c)** `fireEvent.click()`

8. **b) Inspeccionar el estado de Stores y Props en una aplicación Svelte**

9. **c) Usando la pestaña Lighthouse**

10. **a)** `npm test`

Conclusión

Esta autoevaluación te permite verificar tu conocimiento sobre **pruebas y depuración en Svelte**. Si has tenido dificultades con alguna pregunta, revisa el capítulo correspondiente y experimenta con código en tu entorno de desarrollo.

👉 **¡Sigue avanzando! En el próximo capítulo, aprenderemos sobre optimización de rendimiento en Svelte.** 🚀

Evaluación Final: Svelte.js - De Cero a Experto

Esta evaluación abarca todo el contenido del libro y está diseñada para medir tu comprensión sobre **Svelte.js** desde los conceptos básicos hasta las técnicas avanzadas.

La evaluación se divide en:
✔ **50% preguntas de desarrollo (escritas)** → Responde con código o explicación.
✔ **50% preguntas de opción múltiple (multiple choice)** → Selecciona la opción correcta.

Parte 1: Preguntas de Desarrollo (Responde con código o explicación)

1. Explica qué es Svelte y en qué se diferencia de frameworks como React y Vue.

Respuesta: *(Explicación de la filosofía de Svelte, compilación vs. virtual DOM, ventajas).*

2. Escribe un código en Svelte que muestre una lista de tareas y permita agregar y eliminar elementos.

Respuesta: *(Código con `#each`, `bind:value` y `on:click`).*

3. ¿Cómo funcionan los Stores en Svelte? Escribe un ejemplo de un Store `writable()` que almacene el estado de autenticación de un usuario.

Respuesta: *(Código con `writable()`, `set()`, `update()`, `subscribe()`).*

4. Explica cómo funciona el enrutamiento en SvelteKit y proporciona un código que implemente rutas dinámicas.

Respuesta: *(Explicación sobre `+page.svelte`, `params`, `goto()` y ejemplo con `/blog/[id]`).*

5. Escribe un código que conecte una aplicación Svelte con Firebase para guardar y leer datos en Firestore en tiempo real.

Respuesta: *(Código con `getFirestore()`, `addDoc()`, `onSnapshot()`).*

6. ¿Cómo implementarías un sistema de autenticación en Svelte usando Firebase? Proporciona un código de ejemplo.

Respuesta: *(Código con `signInWithEmailAndPassword()`, `createUserWithEmailAndPassword()`)*.

7. Escribe una prueba unitaria en Svelte que verifique que un botón cambia su estado al hacer clic.

Respuesta: *(Código con `@testing-library/svelte`, `fireEvent.click()`)*.

8. ¿Cómo optimizarías el rendimiento de una aplicación en Svelte para mejorar la carga inicial y la interactividad?

Respuesta: *(Explicación sobre `lazy loading`, `code splitting`, `svelte:await`, `onDestroy()`)*.

9. Escribe un código que implemente una animación personalizada en Svelte utilizando `transition` o `animate`.

Respuesta: *(Código con `fade`, `fly`, `tweened`, `spring`)*.

10. ¿Cuáles son las mejores prácticas para escribir código escalable en Svelte? Explica la estructura de un proyecto bien organizado.

Respuesta: *(Explicación sobre `components/`, `stores/`, `services/`, `pages/`, separación de lógica)*.

Parte 2: Preguntas de Opción Múltiple

11. ¿Cuál de las siguientes afirmaciones sobre Svelte es correcta?

- a) Svelte usa el virtual DOM para mejorar el rendimiento.
- b) Svelte compila los componentes en JavaScript puro antes de ejecutarse en el navegador.
- c) Svelte requiere un servidor en tiempo de ejecución para funcionar.
- d) Svelte es un framework basado en JSX.

Respuesta correcta: ▓

12. ¿Cómo puedes comunicar datos entre un componente padre e hijo en Svelte?

- a) Usando `props` en el componente hijo.
- b) Usando `context API`.
- c) Usando `stores` para compartir estado global.
- d) Todas las anteriores.

Respuesta correcta: ▓

13. ¿Cuál es la sintaxis correcta para un bloque condicional en Svelte?

- a) {if (condición)} ... {/if}
- b) {#if condición} ... {/if}
- c) {{ if (condición) ... }}
- d) {condición ? ... : ...}

Respuesta correcta: ▓

14. ¿Qué Store se usa en Svelte para valores calculados basados en otros Stores?

- a) `writable()`
- b) `readable()`
- c) `derived()`
- d) `context()`

Respuesta correcta: ▇

15. ¿Cuál de las siguientes opciones permite una navegación sin recargar la página en SvelteKit?

- a) `<a href="/ruta">`
- b) `window.location.href = "/ruta"`
- c) `goto("/ruta")`
- d) `navigate("/ruta")`

Respuesta correcta: ▇

16. ¿Cuál de estas herramientas permite probar componentes de Svelte en un entorno de pruebas unitarias?

- a) Jest
- b) Mocha
- c) Vitest
- d) Cypress

Respuesta correcta: ▇

17. ¿Cuál de las siguientes estrategias de optimización de rendimiento es aplicable en Svelte?

- a) Cargar todas las dependencias de la aplicación en el inicio.
- b) Usar `svelte:await` para cargar datos asincrónicamente.
- c) Evitar el uso de `writable()` en Stores.
- d) Renderizar todos los componentes de la aplicación al mismo tiempo.

Respuesta correcta: ▓

18. ¿Cómo puedes manejar la accesibilidad en Svelte?

- a) Usando etiquetas semánticas y atributos `aria-*`.
- b) Evitando el uso de colores y estilos en la aplicación.
- c) Eliminando el uso de `tabindex` para evitar navegación con teclado.
- d) Desactivando el uso de herramientas de accesibilidad en el navegador.

Respuesta correcta: ▓

19. ¿Cuál de las siguientes afirmaciones sobre Firebase y Svelte es correcta?

- a) Firebase no se puede usar con Svelte.
- b) Firebase solo funciona con Node.js.
- c) Firebase ofrece autenticación, bases de datos y almacenamiento en la nube.
- d) Firebase requiere un servidor backend para funcionar.

Respuesta correcta: ▓

20. ¿Cómo puedes depurar una aplicación en Svelte?

- a) Usando `console.log()`.
- b) Usando **Svelte DevTools**.
- c) Inspeccionando la aplicación con Chrome DevTools.
- d) Todas las anteriores.

Resultados correctos de la evaluación final

1. *(Desarrollo: Diferencias entre Svelte y otros frameworks).*

2. *(Desarrollo: Código de una lista de tareas).*

3. *(Desarrollo: Código de un Store `writable()` para autenticación).*

4. *(Desarrollo: Enrutamiento en SvelteKit con rutas dinámicas).*

5. *(Desarrollo: Código de integración con Firebase).*

6. *(Desarrollo: Implementación de autenticación con Firebase).*

7. *(Desarrollo: Prueba unitaria en Svelte).*

8. *(Desarrollo: Estrategias de optimización en Svelte).*

9. *(Desarrollo: Código de una animación personalizada).*

10. *(Desarrollo: Explicación de una estructura de proyecto escalable).*

11. **b) Svelte compila los componentes en JavaScript puro antes de ejecutarse en el navegador.**

12. **d) Todas las anteriores.**

13. **b) `{#if condición} ... {/if}`**

14. **c) `derived()`**

15. **c) `goto("/ruta")`**

16. **c) Vitest**

17. **b) Usar `svelte:await` para cargar datos asincrónicamente.**

18. **a) Usando etiquetas semánticas y atributos `aria-\*`.**

19. **c) Firebase ofrece autenticación, bases de datos y almacenamiento en la nube.**

20. **d) Todas las anteriores.**

Conclusión

Esta evaluación te permite medir tu dominio sobre **Svelte.js** desde lo básico hasta lo avanzado. Si tienes dudas en alguna pregunta, revisa los capítulos correspondientes y experimenta con código.

👉 **¡Felicidades por completar la evaluación!**

Glosario de Svelte.js: De Cero a Experto

Este glosario recopila términos clave utilizados a lo largo del libro, proporcionando definiciones claras y concisas para facilitar el aprendizaje y la referencia rápida.

A

API (Application Programming Interface)

Conjunto de reglas y herramientas que permiten que aplicaciones se comuniquen entre sí. En Svelte, se usa frecuentemente para obtener y enviar datos a un servidor.

App.svelte

Componente principal en una aplicación Svelte, donde se integran otros componentes y lógica global.

Atributos ARIA

Atributos utilizados para mejorar la accesibilidad de las aplicaciones web, facilitando la navegación a usuarios con discapacidades.

B

Bind (`bind:`)

Mecanismo de Svelte para establecer una sincronización automática entre variables y elementos HTML.
📌 **Ejemplo:**

```
<input type="text" bind:value={nombre}>
```

✔ Mantiene `nombre` actualizado con el valor del input.

Bundle

Archivo resultante después de compilar una aplicación Svelte, optimizado para su ejecución en el navegador.

C

Componentes

Unidades reutilizables de una aplicación en Svelte que encapsulan UI y lógica.

Context API

Mecanismo de Svelte para compartir datos entre componentes sin necesidad de pasar `props`.

CSS Global

Estilos CSS que afectan a toda la aplicación. En Svelte, se definen con `:global()`.

D

Derived Store (`derived()`)

Tipo de Store en Svelte que genera datos basados en otros Stores.
📌 **Ejemplo:**

```
import { writable, derived } from "svelte/store";

export const contador = writable(0);
export const doble = derived(contador, $contador => $contador * 2);
```

Desestructuración

Técnica de JavaScript usada en Svelte para extraer valores de objetos o arrays.

E

Eventos (on :)

Mecanismo en Svelte para capturar interacciones del usuario, como clics o teclas presionadas.

📌 **Ejemplo:**

```
<button on:click={incrementar}>Incrementar</button>
```

Estructura de un Proyecto Svelte

Organización de carpetas y archivos recomendada para aplicaciones Svelte escalables.

F

Fetch API

Método para realizar solicitudes HTTP en Svelte.

📌 **Ejemplo:**

```
<script>
  let datos;
  fetch("https://api.ejemplo.com")
    .then(res => res.json())
    .then(data => datos = data);
</script>
```

Firestore

Base de datos en tiempo real de Firebase usada frecuentemente con Svelte para sincronización de datos.

G

Gestión del Estado

Manejo del estado global en Svelte mediante **Stores** o **Context API**.

H

Hydration

Proceso mediante el cual el HTML pre-renderizado en el servidor es interactivo en el cliente sin necesidad de volver a renderizar.

I

Interpolación

Uso de `{}` dentro de un template de Svelte para mostrar valores dinámicos.
📌 **Ejemplo:**

```
<h1>{nombre}</h1>
```

Iteración (#each)

Directiva en Svelte para recorrer listas y renderizar elementos dinámicamente.
📌 **Ejemplo:**

```
{#each usuarios as usuario}
  <p>{usuario.nombre}</p>
{/each}
```

J

JSX (JavaScript XML)

Sintaxis utilizada en React para definir interfaces. A diferencia de React, **Svelte no usa JSX**.

L

Lighthouse

Herramienta de Google Chrome utilizada para analizar el rendimiento, accesibilidad y mejores prácticas de una aplicación Svelte.

M

Modificadores de Eventos (|)

Permiten modificar el comportamiento de eventos en Svelte.
📌 **Ejemplo:**

```
<form on:submit|preventDefault={enviar}>
```

✔ Evita que el formulario recargue la página.

N

Node.js

Entorno de ejecución de JavaScript en el servidor, necesario para compilar y ejecutar aplicaciones Svelte.

O

onMount()

Función de ciclo de vida en Svelte que se ejecuta cuando un componente es montado en el DOM.
📌 **Ejemplo:**

```
<script>
  import { onMount } from "svelte";

  onMount(() => {
    console.log("Componente montado");
  });
</script>
```

P

Props (export let)

Propiedades que permiten pasar datos de un componente padre a un componente hijo en Svelte.

📌 **Ejemplo:**

```
<script>
  export let nombre;
</script>

<p>Hola, {nombre}!</p>
```

R

Reactividad ($:)

Mecanismo en Svelte para ejecutar código automáticamente cuando una variable cambia.

📌 **Ejemplo:**

```
<script>
  let contador = 0;

  $: doble = contador * 2;
</script>
```

Rutas Dinámicas en SvelteKit

Sistema de enrutamiento basado en archivos en SvelteKit, usando `[parametro]`.

📌 **Ejemplo:**

```
/routes/blog/[id]/+page.svelte
```

S

SCSS (Sass)

Preprocesador CSS compatible con Svelte para mejorar la gestión de estilos.

SvelteKit

Framework de Svelte para crear aplicaciones web completas con enrutamiento, SSR y optimización.

Stores

Sistema de gestión del estado en Svelte que permite compartir datos globalmente.

T

Transiciones (`transition:`)

Efectos animados en Svelte cuando un elemento entra o sale del DOM.

📌 **Ejemplo:**

```
{#if visible}
  <p transition:fade>Este texto aparece con un efecto de
desvanecimiento.</p>
{/if}
```

Tweened Store (`tweened()`)

Store especial en Svelte que permite transiciones suaves entre valores.

📌 **Ejemplo:**

```
import { tweened } from "svelte/motion";

let posicion = tweened(0, { duration: 500 });
```

U

use:action

Permite definir acciones personalizadas para interactuar con elementos del DOM.

📌 **Ejemplo:**

```
<script>
  function focusInput(node) {
    node.focus();
  }
</script>

<input use:focusInput>
```

V

Virtual DOM

Técnica usada en React y Vue para actualizar la UI. **Svelte no usa Virtual DOM**; en su lugar, compila el código en JavaScript optimizado.

W

WebSockets

Protocolo de comunicación en tiempo real que se puede usar con Svelte para aplicaciones interactivas.

Z

Z-Index

Propiedad de CSS usada en Svelte para controlar la superposición de elementos.

Conclusión

Este glosario te servirá como referencia rápida para los términos más importantes en **Svelte.js**. Para un aprendizaje más profundo, revisa los capítulos correspondientes dentro del libro. 🚀

Documentación Oficial de Svelte y Recursos Adicionales

En esta sección, encontrarás enlaces a la **documentación oficial de Svelte**, así como recursos adicionales para seguir aprendiendo y mejorando tus habilidades en el desarrollo con este framework.

1. Documentación Oficial de Svelte

La documentación oficial de Svelte es el mejor recurso para aprender sobre su funcionamiento, características y últimas actualizaciones.

📌 **Enlace a la documentación oficial:**
🔗 https://svelte.dev/docs

📌 **Secciones destacadas:**
⬛ **Introducción:** Explicación de la filosofía de Svelte y cómo funciona.
⬛ **Componentes:** Creación, reactividad y comunicación entre componentes.
⬛ **Eventos y manejo del estado:** Propagación de eventos y uso de Stores.
⬛ **Transiciones y animaciones:** Cómo agregar efectos visuales a los componentes.
⬛ **Integración con APIs:** Cómo manejar `fetch()` y conectar con bases de datos.

2. Documentación Oficial de SvelteKit

📌 **Enlace a la documentación de SvelteKit:**

🔗 https://kit.svelte.dev/docs

📌 **Secciones clave:**

🔲 **Enrutamiento basado en archivos.**

🔲 **Carga de datos (load()).**

🔲 **Autenticación y sesiones.**

🔲 **Renderizado en el servidor (SSR).**

🔲 **Optimización de rendimiento.**

3. Repositorio Oficial en GitHub

El código fuente de Svelte y SvelteKit está disponible en GitHub. Aquí puedes ver el desarrollo en tiempo real, reportar problemas y contribuir con la comunidad.

📌 **Enlace al repositorio de Svelte:**

🔗 https://github.com/sveltejs/svelte

📌 **Enlace al repositorio de SvelteKit:**

🔗 https://github.com/sveltejs/kit

4. Comunidad y Soporte

La comunidad de Svelte es activa y ofrece múltiples recursos para resolver dudas, compartir proyectos y colaborar en el desarrollo del framework.

📌 **Foro Oficial de Svelte:**

🔗 https://github.com/sveltejs/svelte/discussions

📌 **Discord de la comunidad de Svelte:**

🔗 https://svelte.dev/chat

📌 **Stack Overflow (Preguntas y respuestas sobre Svelte):**

🔗 https://stackoverflow.com/questions/tagged/svelte

📌 **Reddit (Subreddit oficial de Svelte):**

🔗 https://www.reddit.com/r/sveltejs/

📌 **Twitter/X (Cuenta oficial de Svelte):**

🔗 https://twitter.com/sveltejs

5. Cursos y Tutoriales Recomendados

📌 **Tutorial interactivo de Svelte:**

🔗 https://svelte.dev/tutorial

📌 **Curso gratuito en YouTube:**

🔗 https://www.youtube.com/results?search_query=svelte+tutorial

📌 **Cursos en Udemy y Platzi:**

🔗 https://www.udemy.com/courses/search/?q=svelte

🔗 https://platzi.com/cursos/svelte/

6. Documentación de Herramientas Complementarias

📌 **Svelte Testing Library (Pruebas en Svelte):**

🔗 https://testing-library.com/docs/svelte-testing-library/intro

📌 **Vitest (Pruebas unitarias en Svelte):**

🔗 https://vitest.dev/

📌 **TailwindCSS (Estilos en Svelte):**

🔗 https://tailwindcss.com/docs/guides/sveltekit

📌 **Firebase (Backend y base de datos en Svelte):**

🔗 https://firebase.google.com/docs/web/setup

7. Blogs y Noticias sobre Svelte

📌 **Blog Oficial de Svelte:**

🔗 https://svelte.dev/blog

📌 **Dev.to (Artículos sobre Svelte):**

🔗 https://dev.to/t/svelte

📌 **Medium (Publicaciones sobre Svelte):**

🔗 https://medium.com/tag/svelte

Conclusión

Este capítulo reúne los mejores recursos y documentación oficial para que puedas seguir aprendiendo y mejorando en **Svelte y SvelteKit**. La comunidad es activa y existen numerosos recursos gratuitos disponibles.

👉 **Explora, experimenta y sigue aprendiendo con Svelte.js**

Bibliografía

Este libro ha sido elaborado utilizando diversas fuentes confiables, documentación oficial, artículos técnicos y experiencias de la comunidad de Svelte.js. A continuación, se presentan las referencias utilizadas para garantizar la precisión y profundidad del contenido.

1. Documentación Oficial de Svelte

📌 **Fuente principal de referencia para Svelte.js**
🔗 https://svelte.dev/docs

Temas consultados:

- Conceptos básicos y avanzados de Svelte
- Reactividad y Stores
- Manejo de eventos, enrutamiento y animaciones
- Prácticas recomendadas para desarrollo en producción

2. Documentación Oficial de SvelteKit

📌 **Referencia para la construcción de aplicaciones completas con SvelteKit**
🔗 https://kit.svelte.dev/docs

Temas consultados:

- Sistema de enrutamiento basado en archivos
- Carga de datos (load()) y SSR
- Autenticación y manejo de sesiones
- Optimización de rendimiento

3. Repositorios Oficiales en GitHub

📌 **Código fuente de Svelte y SvelteKit, con ejemplos y contribuciones de la comunidad**

🔗 **Svelte:** https://github.com/sveltejs/svelte
🔗 **SvelteKit:** https://github.com/sveltejs/kit

Temas consultados:

🔳 Implementación interna de Svelte y compilación
🔳 Ejemplos y mejores prácticas en el código fuente
🔳 Guías de contribución y documentación adicional

4. Cursos y Tutoriales Recomendados

📌 **Tutorial interactivo de Svelte**
🔗 https://svelte.dev/tutorial

📌 **Cursos gratuitos en YouTube**
🔗 https://www.youtube.com/results?search_query=svelte+tutorial

📌 **Cursos en Udemy y Platzi**
🔗 https://www.udemy.com/courses/search/?q=svelte
🔗 https://platzi.com/cursos/svelte/

Temas consultados:

🔳 Introducción a Svelte y desarrollo de componentes
🔳 Aplicaciones en tiempo real con Firebase y WebSockets
🔳 Optimización y pruebas en Svelte

5. Blogs y Artículos sobre Svelte

📌 **Blog Oficial de Svelte**
🔗 https://svelte.dev/blog

📌 **Artículos en Dev.to**
🔗 https://dev.to/t/svelte

📌 **Publicaciones en Medium**
🔗 https://medium.com/tag/svelte

📌 **Blog de Firebase sobre integración con Svelte**

🔗 https://firebase.google.com/docs/web/setup

Temas consultados:

◼ Últimas novedades y cambios en Svelte

◼ Comparaciones entre Svelte y otros frameworks

◼ Guías avanzadas sobre rendimiento y optimización

6. Herramientas y Librerías Complementarias

📌 **Testing Library para Svelte**

🔗 https://testing-library.com/docs/svelte-testing-library/intro

📌 **Vitest para pruebas unitarias en Svelte**

🔗 https://vitest.dev/

📌 **TailwindCSS para estilos en Svelte**

🔗 https://tailwindcss.com/docs/guides/sveltekit

📌 **Playwright para pruebas E2E**

🔗 https://playwright.dev/

Temas consultados:

◼ Estrategias de pruebas unitarias e integración en Svelte

◼ Implementación de estilos con TailwindCSS y SCSS

◼ Automatización de pruebas end-to-end

7. Conferencias y Charlas sobre Svelte

📌 **Svelte Summit (Conferencia oficial de Svelte)**

🔗 https://sveltesummit.com/

📌 **Talks sobre Svelte en YouTube**

🔗 https://www.youtube.com/results?search_query=svelte+talk

📌 **Meetups y eventos en Meetup.com**

🔗 https://www.meetup.com/topics/svelte/

Temas consultados:

- ◼ Casos de uso avanzados de Svelte
- ◼ Estrategias de optimización y rendimiento
- ◼ Comparaciones con otros frameworks

8. Recursos de la Comunidad de Svelte

📌 **Foro Oficial en GitHub Discussions**

🔗 https://github.com/sveltejs/svelte/discussions

📌 **Discord de la comunidad de Svelte**

🔗 https://svelte.dev/chat

📌 **Reddit (r/sveltejs)**

🔗 https://www.reddit.com/r/sveltejs/

📌 **Stack Overflow (Preguntas y respuestas sobre Svelte)**

🔗 https://stackoverflow.com/questions/tagged/svelte

📌 **Twitter/X Oficial de Svelte**

🔗 https://twitter.com/sveltejs

Temas consultados:

- ◼ Preguntas frecuentes y solución de problemas
- ◼ Novedades en el ecosistema de Svelte
- ◼ Discusión sobre buenas prácticas y casos de uso

Conclusión

Esta bibliografía reúne fuentes oficiales, cursos, artículos y herramientas clave utilizadas en la creación de este libro. Todos los recursos recomendados están disponibles en línea y pueden servir como material complementario para seguir profundizando en **Svelte y SvelteKit**.

👉 **Explora, experimenta y sigue aprendiendo con la comunidad de Svelte.js**

Agradecimientos

La creación de este libro no habría sido posible sin el apoyo de una comunidad vibrante, recursos de aprendizaje accesibles y la dedicación de quienes han contribuido al crecimiento y evolución de **Svelte.js**.

A continuación, quiero expresar mi gratitud a todos aquellos que, de una manera u otra, han hecho posible este proyecto.

A la Comunidad de Svelte

Gracias a la comunidad global de **desarrolladores, mantenedores y entusiastas de Svelte**, quienes han compartido su conocimiento a través de blogs, foros, videos y código abierto. Su pasión y dedicación han permitido que este framework siga evolucionando y mejorando día a día.

Un agradecimiento especial a los colaboradores en:

- **GitHub Discussions y repositorios de Svelte y SvelteKit**.
- **Foros de Stack Overflow y Reddit**, donde miles de desarrolladores resuelven dudas diariamente.
- **Svelte Discord y otros espacios de comunicación**, donde la comunidad se ayuda mutuamente.

A Rich Harris y el Equipo de Svelte

Un reconocimiento especial a **Rich Harris**, creador de Svelte, por su visión innovadora en el desarrollo web moderno. Gracias por diseñar un framework que revoluciona la forma en que escribimos código, eliminando la complejidad innecesaria y ofreciendo una experiencia más fluida para los desarrolladores.

También agradezco a **todo el equipo detrás de Svelte y SvelteKit**, quienes constantemente trabajan en nuevas funcionalidades, mejoras de rendimiento y soporte para la comunidad.

A los Creadores de Contenido y Educadores

Agradezco a los desarrolladores que han dedicado su tiempo a crear tutoriales, cursos y artículos sobre Svelte. Sus recursos han sido fundamentales para que muchos puedan aprender y dominar este framework.

Un reconocimiento especial a:

■ **Autores de cursos en plataformas como Udemy, Platzi y YouTube.**

■ **Escritores de blogs técnicos en Medium, Dev.to y otras plataformas.**

■ **Ponentes en Svelte Summit y eventos de tecnología.**

Gracias por compartir su conocimiento y motivar a otros a explorar este increíble framework.

A la Comunidad Open Source

Este libro también se inspira en el increíble trabajo de la comunidad **open source**, donde miles de desarrolladores contribuyen con código, documentación, pruebas y herramientas complementarias.

Agradezco a quienes han creado:

■ **Librerías y paquetes de Svelte que extienden sus funcionalidades.**

■ **Integraciones con Firebase, TailwindCSS, GraphQL y otras tecnologías.**

■ **Soluciones innovadoras en GitHub que ayudan a mejorar la experiencia de desarrollo.**

A los Lectores de Este Libro

Este libro fue escrito para **ti**, el lector que ha decidido aprender, experimentar y construir aplicaciones con Svelte.

Si has llegado hasta aquí, quiero felicitarte por tu esfuerzo y dedicación. Espero que este contenido te haya ayudado a comprender Svelte en profundidad y que puedas aplicar estos conocimientos en tus proyectos.

Tu retroalimentación y experiencias son valiosas, y te animo a compartir tu aprendizaje con otros desarrolladores.

A Mi Familia y Amigos

Finalmente, quiero agradecer a **mi familia y amigos**, quienes me han apoyado en cada paso de este proyecto. Su paciencia, motivación y confianza han sido clave para completar este libro.

Agradezco por su comprensión durante las largas horas de escritura, investigación y desarrollo de ejemplos. Sin su apoyo incondicional, este libro no habría sido posible.

Conclusión

Escribir este libro ha sido una experiencia enriquecedora. Agradezco a cada persona que ha contribuido de manera directa o indirecta a su creación.

Este libro no es el final, sino el comienzo de tu camino con Svelte. Espero que lo aproveches al máximo, sigas explorando y, sobre todo, que disfrutes el proceso de crear con este increíble framework.

👉 **Gracias por ser parte de esta comunidad y por compartir el entusiasmo por Svelte.js**

Fin.

www.ingramcontent.com/pod-product-compliance
Lightning Source LLC
LaVergne TN
LVHW081524050326
832903LV00025B/1618